彼方への挑戦

松山英樹

Hideki
Matsuyama

Tsutomu Takasu

徳間書店

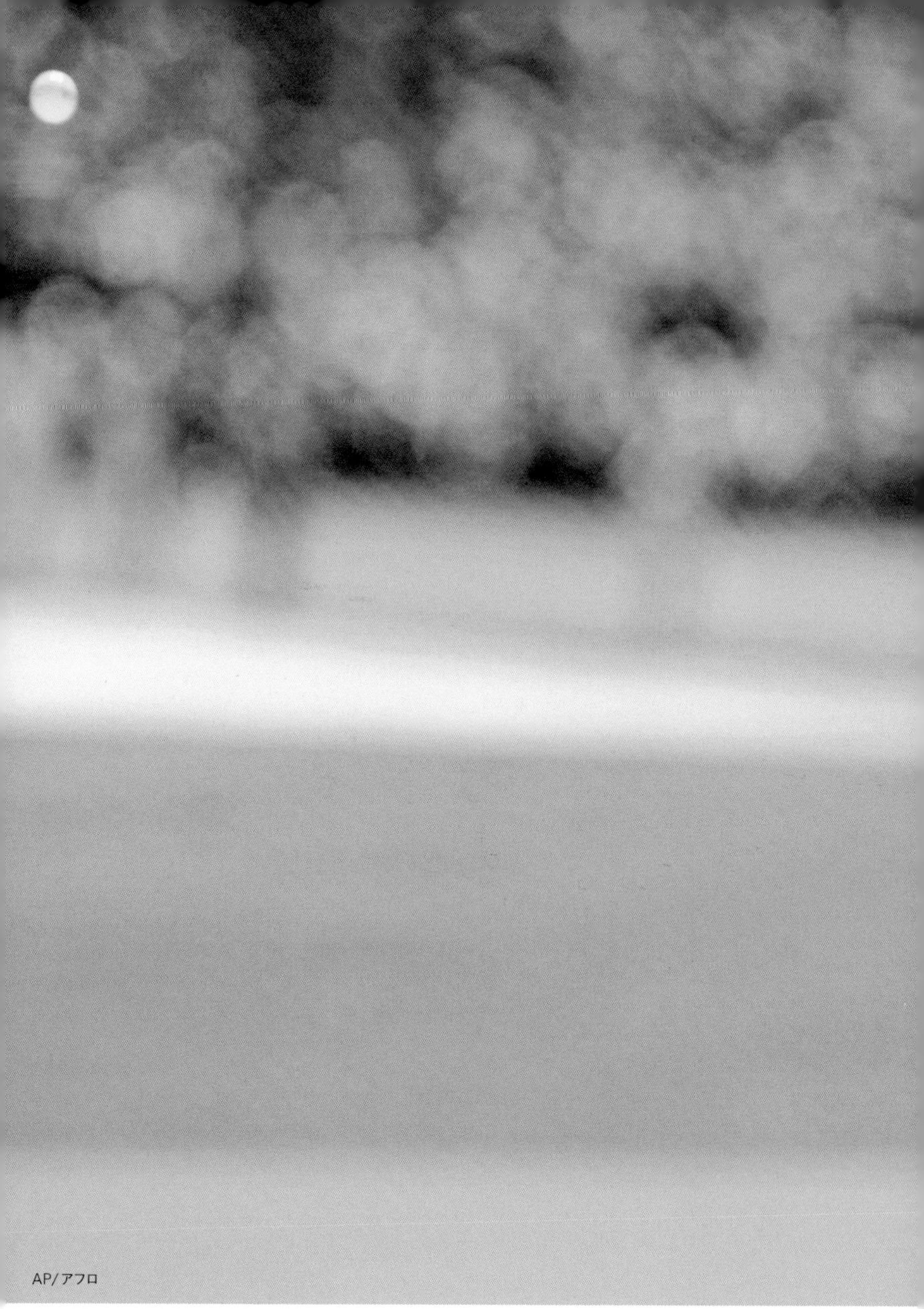

AP/アフロ

とにかくクラブを振ること
ボールを打つことが楽しかった

アフロスポーツ

アフロスポーツ

青木紘二/アフロスポーツ

ロイター/アフロ

AP/アフロ

SRIXON

一人の人間として、ゴルファーとして
互いを激しく意識する存在というのは
そう多くいるわけではない

アフロ

アフロスポーツ

Cleveland

いつも一つの壁を越えた先に
もっと高い壁が目の前にそびえ立つ

青木紘二/アフロスポーツ

子どもがいい方向に導かれるには
絶対に周りの大人の力が必要だ

報知新聞/アフロ

Sports Nippon/Getty Images

ロイター/アフロ

Hero

Stan Badz / Getty Images

David Cannon/Getty Images

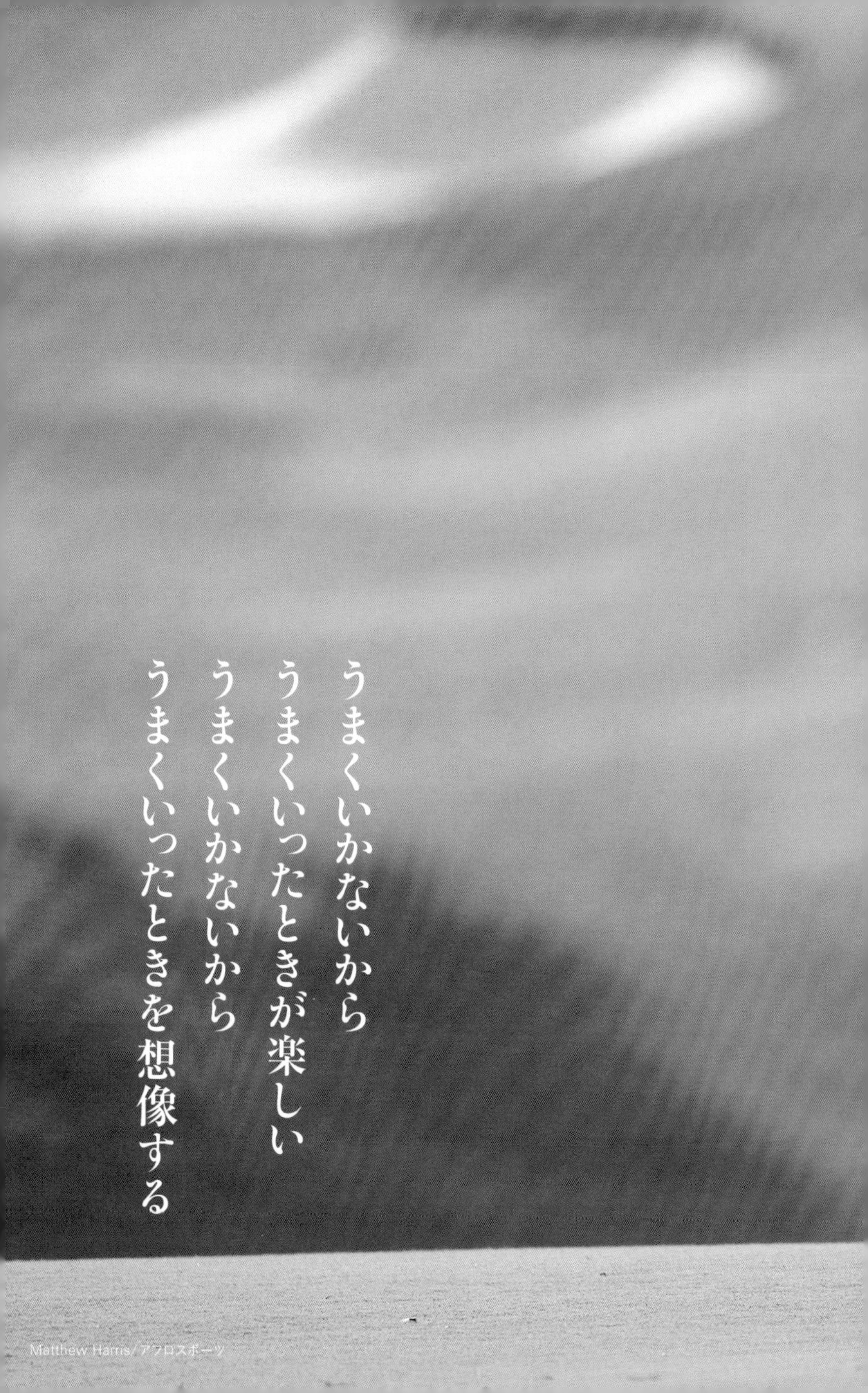

うまくいかないから
うまくいったときが楽しい
うまくいかないから
うまくいったときを想像する

Matthew Harris/アフロスポーツ

AP/アフロ

日刊スポーツ/アフロ

SRIXON
SRIXON

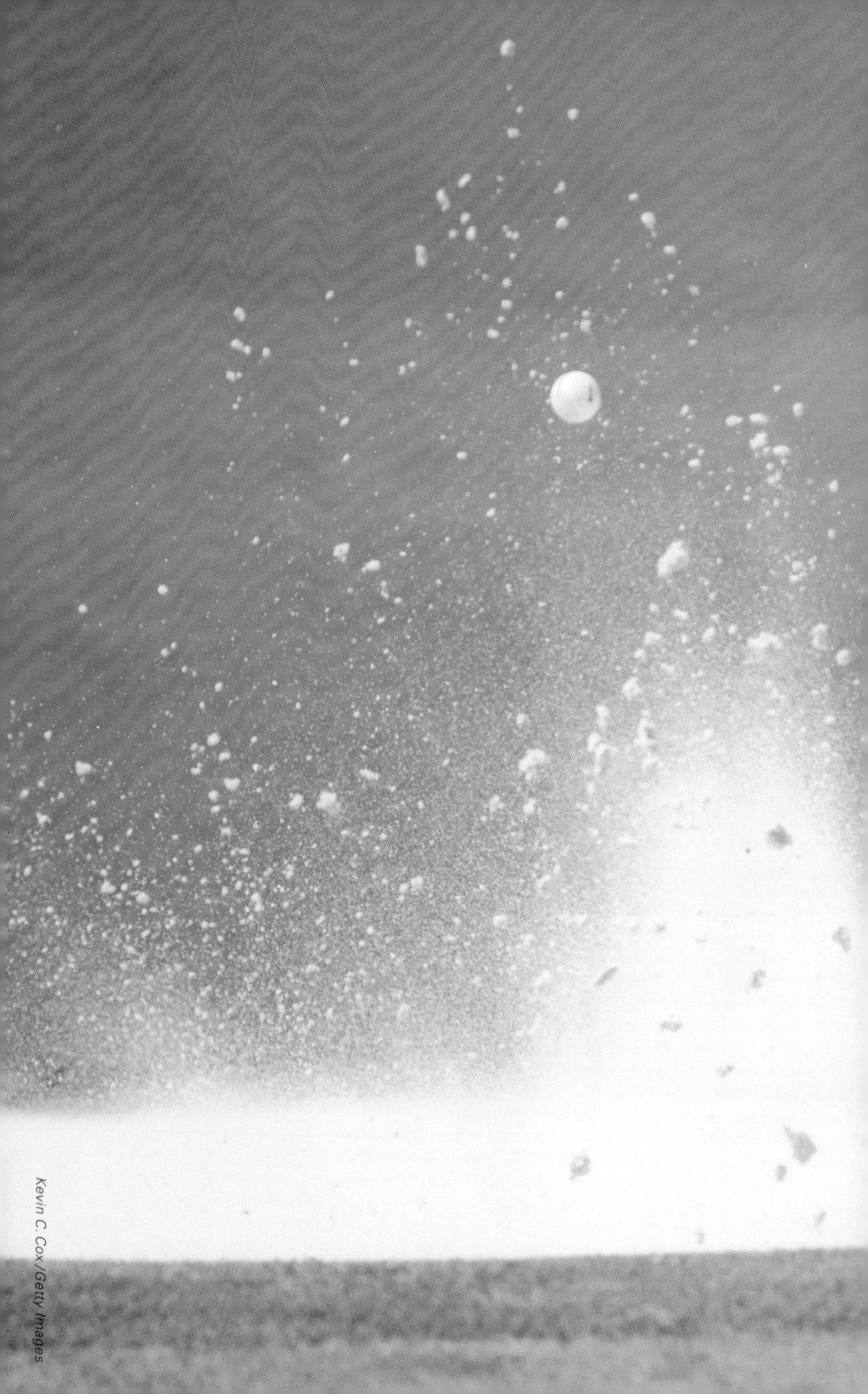

Kevin C. Cox / Getty Images

ロイター/アフロ

SRIXON
SRIXON
indeed

ゴルフがうまくなる方法を聞かれ
答えを一つ挙げるならば
「自分自身を知ること」
そう僕は言うだろう

Mike Ehrmann / Getty Images

黄色いピンフラッグを手にして
満面の笑みで立っている姿を見たら
涙がこぼれそうになった

Mike Ehrmann/Getty Images

SRIXON

Mike Ehrmann / Getty Images

彼方への挑戦

松山英樹

Hideki
Matsuyama

はじめに

この体を包み込むグリーンジャケット。

本当のところを言うと、僕にはこの価値がどれほどのものか、いまだ理解できていないようでなりません。

男子では、ゴルフの世界には、メジャートーナメントという長い歴史をもつ大会があります。マスターズ・トーナメント（以下、マスターズ）、全米プロゴルフ選手権（以下、全米プロ）、全米オープン選手権（以下、全米オープン）、全英オープン選手権（以下、全英オープン）の4大会が毎年行われ、すべてのゴルファーが長いキャリアのなかで、このメジャー大会でのタイトル獲得を目標に描きます。

なかでも、4月のマスターズは、ほかの3大会が毎年異なる会場で行われるのに対し、1934年の第1回大会から一貫して、アメリカ合衆国のジョージア州、オーガスタ・ナショナル・ゴルフクラブを舞台に開催されてきました。

ゴルフのマスターたちが集い、4日間72ホールで争われるこの大会は、世界中のゴルフファンが熱狂する祭典として知られています。

そして、優勝者には、このクラブの名誉会員として大会への生涯にわたる出場権が与えられるとともに、その証《あかし》として、グリーンジャケットが贈られるのです。

僕がゴルフを始めたのは4歳のときでした。

地元の愛媛で、父と一緒に行った打ちっ放しの練習場でクラブを握り、ボールを打つ日々を過ごすうちに、「将来はプロゴルファーになりたい」と思うようになりました。学生時代からゴルフ一色の日々を送り、プロになる少し前、アマチュアの大学生だった2011年に、このマスターズに初めて出場する機会を得ました。

あれから10年、ちょうど10回目の挑戦となった2021年の春。

僕は初めて優勝し、グリーンジャケットに袖を通すことができました。日本の男子ゴルファーとして、初のメジャータイトルの獲得です。

これまで「日本人には無理だ」と言われ続け、何度も日本ゴルフ界の諸先輩方がメジャーに挑む背中を見てきました。そして、僕自身もその分厚い壁に何度も跳ね返されてきただけに、実感がいまだに湧かないのだと思います。

自分の言葉で本を出すというお話は、数年前、アメリカでの優勝が増えた頃からいただくようになりました。

ですが、僕はそもそも誰かに何かを教えたりできるような人間ではありませんから、すべてお断りをしてきました。そんな自分への見方は、今でも変わりません。

しかし、今回、マスターズを制したことで、あらためてオファーを頂戴し、僕の経験とそれぞれの時期、それぞれの場面で感じたことや学んだことを書き残す意義を考えるようになりました。

ゴルフを愛するたくさんの方々、若いゴルファーたちや将来を担っていく子どもたちに伝えることに可能性を感じ、ライターの方のお力を借りてまとめたのが本書です。

世の中では、優勝した試合をはじめ、成功体験ばかりがクローズアップされがちで、そこにつながる日々の苦労はなかなか伝わりにくいものです。

一方で、これまで僕は、メディアを通じた発信に積極的ではありませんでした。どちらかといえば消極的で、それを苦手にしてきました。

また、SNS（ソーシャル・ネットワーキング・サービス）は、多くの方とつながることができるコミュニケーションツールですが、想いを自分から発信し、投稿の一つひとつに反応する余裕が、まだ、僕にはありません。

それでも長い時間、自分なりに悩み、考え、ゴルフと真剣に向き合ってきたことだけは、まぎれもない事実です。今回の出版にあたっては、普段お伝えしていない本当の自分の姿、本当の自分の心の声をさらけ出したつもりです。

僕が幸運だったのは、数あるタイミングで、たくさんの人に出会い、ゴルフを通じて、その出会いの輪が重なりながら広がっていったことです。

プロゴルファーとして実績を重ねていなければ、プロアスリートの方々をはじめ、才能を極限まで磨いてきた方々、さまざまなかたちで社会に貢献されている方々にお会いすることもありませんでした。

違う世界を垣間見て、たくさんの考え方にふれる機会が増えることは、とても貴重な経験です。僕の場合は、ゴルフがあったからこそ、かけがえのない仲間、かけがえのないファンのみなさんに巡り合うことができました。

ゴルフの縁で僕がさまざまなことを得たように、もしも、本書に綴られた言葉から、何か一つでも感じ取っていただけたならば、著者としてこれほど嬉しいことはありません。

松山英樹

目次

第7章　海外での挑戦

第8章　あの夏の天国と地獄

第11章　オーガスタの風

第12章　その先の景色を求めて

第1章

夢のマスターズ

憧れの地へ

アメリカ南東部、ジョージア州の州都アトランタ。

インターステート20のハイウェイを東にしばらく走ると、さっきまで見上げていた大都市のビル群が姿を消し、片田舎の風景が目に飛び込んできた。

「何もないなあ」

車の後部座席に座り、ぼんやりと思いにふける。

それまでハワイには行ったことがあったが、アメリカの本土に降り立つのは今回の遠征が人生で初めての経験だった。

数日前に、直前の合宿で訪れたロサンゼルスの喧騒とは空気がまた違う。まっすぐな道のりを進むおよそ2時間半の陸路で、行き先を示す標識の「ＡＵＧＵＳＴＡ」の文字が車窓から滑りこんできた。

オーガスタ。そうだ、僕はこれからオーガスタに行くんだ——。

２０１１年春。東北福祉大学の2年生になった僕は、マスターズに出場するため海を渡った。

４大メジャーの一つであるこの〝ゴルフの祭典〟には、毎年、世界中からトッププレーヤーが集まり、会場のあるオーガスタは期間中の１週間、特別な町になる。プラチナチケットを握りしめたゴルフファンが、彼らのプレーを一目見ようと足を運び、周辺地域はマスターズのイメージカラーである緑と黄に染まる。普段は１泊40ドルのモーテルの宿代が、３００ドル近くにはね上がるというから驚きだ。

出場権を手にした90人前後の選手たちが争うのは、勝者の証であるグリーンジャケット。72ホールの激闘を勝ち抜いたチャンピオンは、開催コースのオーガスタ・ナショナル・ゴルフクラブに名誉会員として迎えられ、翌年から生涯を通じて大会への参加資格が与えられる。

マスターズで勝つということは、ゴルフの歴史に名を刻むことであり、男子ゴルファーにとって最高の栄誉の一つと言っていい。

19歳の僕がその年のマスターズに出場できたのは、前年の２０１０年10月に、日本で行われたアジアアマチュアゴルフ選手権（２００９年に始まった大会。現アジアパシフィックアマチュアゴルフ選手権）で優勝したからだった。

アマチュアの日本人選手としては初めてのことで、プロゴルフのトップ選手たちが挑戦してきた憧《あこが》れのメジャー大会でプレーできること自体が夢のようだった。

４月２日。僕はそのオーガスタ・ナショナル・ゴルフクラブにたどり着いた。

アトランタからのドライブを経て、期間中に過ごすレンタルハウスで一泊した翌日のこと。大会の開幕に備えて、数日間、実際のコースで事前練習を行うためだ。

市内の北側を横断するワシントン通りを、西からダウンタウン方面に走ること数分。大きな貯水槽を過ぎ、右に折れて門をくぐる。敷地の四方が樹木と壁に囲われているオーガスタ・ナショナル・ゴルフクラブ。

プレーヤーや関係者だけが通ることを許される「マグノリアレーン」と呼ばれる250メートルほどの路地を進むと、日中だというのにあたりが一瞬暗くなった。進入路の両脇に密集するモクレンの木がアーチ状になって太陽の光を遮《さえぎ》っている。

「ああ、すごいなあ」

名前は知っていたが、まるで宮殿に続くかのような並木道。ここを抜けた先に、未知の世界が広がっているのだろうか。ゆっくりと、次第に広くなった視界に白亜のクラブハウスと風にたなびくフラッグが飛び込んできた。


球聖と呼ばれたアメリカの伝説的なアマチュアゴルファー、ボビー・ジョーンズが中心となって生み出したオーガスタ・ナショナル・ゴルフクラブは、まず、その美しさで世界中のゴルファーを魅了する。

エリアごとに均一に刈りそろえられた一面の緑の芝は絨毯《じゅうたん》のようで、天高く伸びた木々や、春の花々が彩りを添える。広大なゴルフ場にして、ゴミ一つない空間だという評判すらあるから本当に驚かされる。

そんな風景に目を奪われながら駐車場で車から降り、出場選手登録を済ませてからまずは練習場に足を運んだ。

ショットを自由に打つことができるドライビングレンジは、僕が知るかぎりもっとも美しい打ちっ放しの練習場といえた。敷地が広すぎて、防球用のネットも見当たらない。打席にも、ショットが落ちるところにも、芝生が敷きつめられている。

後方には、マスターズでは「パトロン」と呼ばれるお客さんが座る鉄製のスタンドまであった。練習用のバンカーも真っ白で、テレビで見た実際のコースの砂の色と同じだ。グリーンや、その周りの地面の傾斜もさまざまで、ここならば何時間打っても飽きることがなさそうだった。

同じ大学ゴルフ部の同級生で、キャディーとして連れ添う岡部大将《たいしょう》とともに、雰囲気に圧倒された。だから、

「芝が剝《は》げているところなんてないと聞いていたけど、ちょっとはあるね」

そんなふうに緑が欠けた部分や、小さな紙ゴミを目ざとく見つけたりして、冗談を言い合って気持ちを落ち着かせていた。

美しさと険しさをもつ舞台

オーガスタ・ナショナル・ゴルフクラブは、評判どおり美しかった。そして、噂に違わず、険しく難しかった。

幼い頃、父の手ほどきを受けてゴルフを始めた僕の家には、マスターズのテレビ中継を録画したビデオテープがいくつもあった。学生になってからも、マスターズだけは毎年欠かさず観ていた。

それぞれに特徴のある18ホールのレイアウトは頭に入っていたし、攻略ルートもあらかじめ練っていた。

しかし、実際に開幕前の数日間、練習でコースをまわってみると、まず、その距離の長さ（当時18ホール計7435ヤード）に驚かされた。

クラブハウスを右に眺める1番ホール。第1打を打つティーイングエリアから旗が立つグリーンに目をやると、フェアウェイの右サイドには大きなバンカーが口を開けている。テレビで見た選手たちは、このバンカーの左横から2打目を打っていた。なかにはもっと先から打つ選手もいた。

練習ラウンドとはいえ、僕の記念すべきオーガスタでのティーショットは、このバンカーの距離に到達しなかった。

映像では、タイガー・ウッズが第1打を3番ウッドで、第2打を短いピッチングウェッジで軽く打っていたはずの7番ホール。

ところが、僕はドライバーとミドルアイアンを使ってようやくグリーンに届くという感じだった。

18番ホールの第2打は、少しの向かい風のなかで、ウッドを除いていちばん長いクラブである3番アイアンを選んだ。

オーガスタ・ナショナル・ゴルフクラブの18ホールは「パー72」で設定されている。「71」以下でまわることができればアンダーパー（18ホールで規定のパー以下のスコアでまわること）。「73」以上ならオーバーパーで、トッププロが集まるマスターズでは良いスコアとはいえない。

プロゴルフの試合は、それぞれの選手が1日で18ホールをまわり、4日間計72ホールの合計ストローク（スコア）で勝負を決める。

土曜日、練習で初めて18ホールをプレーした僕のスコアは、「80」だった。

アメリカだけでなく、プロゴルフの大会は世界各国で行われている。

ヨーロッパや日本、アジア、南アフリカ、オーストラリアに南米。毎週それぞれの地域で同時進行しているが、マスターズの週だけは、ほかの男子ゴルフの試合は基本的にお休みになる。つまり、世界中のゴルフファンの視線がオーガスタ・ナショナル・ゴルフクラブに集まる。

大会の週になると、コースには毎日4万人以上の来場者があるといわれている。開幕を3日後に控えた月曜日には早くも、選手とお客さんとの間に張り巡らされたロープの外が人で埋め尽くされ、どのホールも眺めは壮観だった。

「ああ、これがテレビで観ていたマスターズだ」

その日、僕は公式記者会見に出席した。先に説明したとおり、前年秋のアジアアマチュア選手権で優勝し、このマスターズに出場する権利をつかんだ。

出場する99人の選手のうち、賞金を受け取ることができない僕と同じ身分のアマチュア選手は6人いた。それぞれがアメリカやヨーロッパのアマチュアの試合で優勝、または上位に入ったゴルファーたちだ。

アマチュアのアジアチャンピオンという肩書でインタビューに呼ばれたが、外国人記者の興味の多くは、僕が「日本の仙台から来たゴルファー」ということにあった。

プレーすべきか否か

およそ1カ月前の２０１１年3月11日。在学していた東北福祉大学がある宮城県仙台市は、東日本大震災の被災地になった。

地震発生当時、海外遠征中で東北にいなかった僕は、あの本震の恐怖を体験していない。しかし、数日後に帰った母校の周りは様子が一変し、とてもゴルフどころではなかった。このマスターズへの出場が、世間で許されるかどうかもわからない。辞退する可能性が十分にあった。

そのような状況のなかで、多くの人の温かい励まし、支援のおかげでオーガスタにたどり着くことができ、感謝の気持ちでいっぱいだったが、正直に言えば、心は揺らいだままだった。

「ここでプレーする人間として、僕は本当にふさわしいだろうか」

最後は、困難な状況にあっても応援してくださる被災者の方々、大学関係者やゴルフ部の仲間、家族の後押しに報いるため、夢の舞台で一生懸命プレーする姿をテレビ越しに見せるしかないと心に誓ったのだった。

スーパー・ネガティブで、スーパー・ポジティブ。

自分の性格を、僕はそう捉えている。

やるべきことを前にして、悪いことばかりを極端に考えて不安をためこみ、弱気になったり決断力が鈍ったりする。

けれど、それがもう後戻りができないほど直前の状況になると、

「まあ、なんとかなるだろう」

と突然、楽観的になる。オーガスタでの水曜日までの心境と、試合が始まる木曜日からの気持ちの違いは、まさにそんな感じだった。


事前の練習日は、ラウンドを重ねるたびにコースの難しさを認識した。

そして、自分自身の実力では及ばないところばかりが目についた。相変わらず良いスコアを出せる気配はなく、開幕前の事前練習でプレーした4ラウンドのスコアは、それぞれ「80」―「77」―「83」―「86」。

マスターズだけでなく、ほとんどのプロゴルフの大会は、72ホールをまわる4日間のうち、最初の2日で36ホールの予選ラウンドを行い、スコアが良い（打数の少ない）上位選手によって週末2日間の決勝ラウンドが行われる。

予選ラウンドで退いた選手は、プロであっても賞金をもらうことができない。

僕の状態では、99人のうち上位50人前後による決勝ラウンドには、どう考えても進めそうにない。日本から、被災地仙台からたくさんのエールをもらってやって来たのにもかかわらず、「予選落ち」が頭をよぎった。

それでも、開始時刻は予定どおりやってくる。

「今日できることを一生懸命やろう」

そう覚悟を決めて大会の１日目、木曜日の朝を迎えた。

３人１組でプレーする予選ラウンドで、僕は世界最高峰のゴルフツアー団体、アメリカ男子ツアー（ＰＧＡツアー）で活躍するトッププレーヤーと同じ組に入った。

２００９年に全米オープンで優勝したアメリカのルーカス・グローバー、２００８年にこのマスターズを制した南アフリカのトレバー・イメルマン。

どちらもメジャー大会での優勝経験がある。イメルマンはテニスのロジャー・フェデラーに顔が似ている気がして、なんだか少し怖そうだったけれど、直前に握手をすると、二人とも優しく微笑んでくれた。

なかなか聞き取れない英会話が続くなかで、

「Ｐｌａｙ　ｗｅｌｌ（プレー　ウェル）」

というフレーズが耳に残った。どういう意味なのか、通訳のアラン・ターナーさんに聞くと、相手の良いプレーを願う言葉で「Ｇｏｏｄ　ｌｕｃｋ（グッド　ラック）」と言うよりも真剣味がこもるらしかった。

マスターズに初めて出場する選手は、緊張のあまり手が震えるという。百戦錬磨のプロゴルファーでさえ、１番ホールでボールをセットするティーペグを地面になかなか刺せないという逸話もある。しかし、当の僕は、気持ちの高ぶりを感じながらもすんなりスタートできた。

ドライバーショットは右に曲がり、フェアウェイの横のバンカーに入った。練習日には届かなかったバンカーだが、試合本番になると飛距離は伸びるものだ。

２打目はボールの少し手前の地面を打つ、いわゆる〝ダフる〟ミスショットをして、グリーンの手前に落ちた。

ウェッジでアプローチをしたあと、２メートルほどを残した4打目のパーパットを沈めたことで、自分を落ち着かせることができた。

４番ホールでは20メートル近いパットが決まり、オーガスタで初めてバーディーを決めた。16番からの終盤3ホールを立て続けにボギーにしてしまったが、上がってみると「72」のイーブンパー。練習では出せなかったスコアで、第1ラウンドを終えられたことがとにかく嬉しかった。

きっとスーパー・ネガティブな自分の性格が功を奏したのだと思う。

テレビを観て描いた想像と、事前にほかの人から聞いた話で、僕は脳内でマスターズをとんでもなく難しくしていた。実際には手のひらサイズくらいのものを、まるで両手を広げたくらいの大きさに。

渡米する前から、とにかく高低差が激しいコースだと耳にしていたから、地元の四国や関西地方のアップダウンのきついゴルフ場に行くたびに、オーガスタをイメージした。

一見すると大きなグリーンは、的確なエリアにボールを落とさなければ、傾斜で転がってピンからどんどん離れてしまう。その許容範囲はたった「四畳半」と表現されるほど狭い。

だから、仙台の打ちっ放しの練習場では、「打席から150ヤード先の看板にショットを当てるまで帰らない」という練習までしていた。

せっかく行くのだから、恥ずかしいプレーはしたくない。応援してくれる人がいる。きっと被災地からも。

黄昏時の決意

大会2日目、第2ラウンドは3バーディー、4ボギーの「73」だった。ホールを進めていくたびに、「大丈夫だ。戦える」と感じられた。グリーンの傾斜の強さに苦労したが、開幕前に雨が降った関係もあり、練習日よりも軟らかく感じられて、ショットで攻めたボールも予想以上に止まってくれた。

第1ラウンドと合わせてスコアは通算1オーバー。オーバーパーでは厳しいかなと考えていたが、予選通過ラインギリギリの43位タイで決勝ラウンド進出を果たした。

勝手に抱いた不安を解消するため、自分なりに想像を広げて対策を考えてきたからこそ、予選を通過できたと思えた。

結局、6人のアマチュア選手のなかで、決勝ラウンドに進んだのは僕だけだった。プロの大会の多くは、「ローアマチュア」や「ベストアマチュア」といったかたちでもっともスコアのよかったアマチュアを表彰している。

マスターズも同じで、僕は2日目を終えた時点で、その賞を受け取れることが決まった。週末2日間でケガをしたりして途中棄権しなければ、の話だが。ただ、その時点で賞のことはほとんど頭になかった。

あと2日、このオーガスタでゴルフができる。それ以上の喜びはなかったからだ。

週末に入り、優勝争いも熱を帯びてきた。

その第3ラウンドで、僕はこの年のベストといえるプレーができた。13番ホールまでに4つバーディーを奪い、16番パー3で完璧なティーショットを打てた。

青い空の下、7番アイアンで描いた白い放物線が黄色いピンに重なっていく。カップの手前10センチに落ち、割れんばかりの歓声が響いた。

お客さんが盛り上がっていく感覚が楽しくてしかたがない。英語はわからなくても、雰囲気だけで十分な熱気が伝わってきた。18番ホールを終えてスコアは「68」で、ついにアンダーパー。会心のゴルフだった。

ホールアウトしてスコアカードを提出しようと歩いていると、隣の9番ホールをプレーし終えたスティーブ・ストリッカーとすれ違った。スコアボードを見たらしく、

「ナイスプレー」

と声をかけてくれた。突然のことに驚いた僕は、思わず目を見開いて、

「サンキュー」

そう小さく答えた。

「あのストリッカーが声をかけてくれた！」

ＰＧＡツアーで何勝もしているアメリカを代表する名選手が、おそらくどこの国から来たかも知らない、名もなきアマチュアの目をしっかり見て、同じ舞台に立つゴルファーとして僕を称えてくれた。

自分が将来、もしもそんな立場にあっても、同じことができるだろうか。胸の奥底に静かな感動が残った。

オーガスタの日曜日は、特別な雰囲気になる。グリーンジャケットに袖を通す優勝者が、ゴルフの歴史に名を刻む一日になるからだ。

全身全霊でその争いを繰り広げるプロゴルファーたちは、遠い存在だったが、僕の興奮はその最終ラウンドでも収まらなかった。

3番でグリーンのそばからチップインさせてガッツポーズ、7番ホールでもカップに入りかけたボールを見て全身でリアクションするほど気持ちが高ぶっていた。好スコアをマークしている選手が掲示される巨大なボードに、「ＭＡＴＳＵＹＡＭＡ」の名前を確認できた。

ところが、折り返しの9番ホールに差しかかった頃に異変を感じた。

足が動かない。スイングも思うようにできない。歩くのすら必死で、体力不足は明らかだった。

４日間72ホールを戦うゴルフの競技では、最後の９ホールで思わぬことが起こる。緊張感は極限に達し、肉体的にも精神的にも強さが試される最終ラウンドの後半を、ゴルフの世界では「サンデーバックナイン」と言い表す。ここを乗り越えた選手たちこそがチャンピオンになる。

今の自分にその力がないことはすぐに理解できた。

それでも懸命にプレーを続けた。最終18番ホール、距離の長いパー４は、グリーンで待ち構えたパトロンの大きな拍手を浴びながら、フェアウェイの緑色の坂道を上る。手に取った帽子を高く掲げ、声援のなかを歩くのはゴルファー冥利《みょうり》に尽きる至福のときだ。最後のパットを沈めて「74」でホールアウトし、グリーンを降りた。

通算１アンダー27位タイ。

ローアマチュアのタイトルを、アジア出身選手として初めて獲得した瞬間だった。マスターズを放送しているアメリカの放送局ＣＢＳのスタジオブース「バトラーキャビン」に招かれ、優勝した南アフリカのシャール・シュワルツェル、前年に優勝したフィル・ミケルソンと一緒にインタビューを受けた。緊張していたのはいうまでもない。

バトラーキャビンから外に出ると、太陽が地平線に近づいていた。ざわめく木々の隙間を抜けてきた風が、頬を柔らかくかすめる。

あたりがオレンジ色に染められた夕方の表彰式。僕はそのセンターポジションでローアマチュアの証であるシルバーカップを授与された。重みを感じる質感が手に印象強く残った。

幾重《いくえ》もの人垣から、拍手が鳴り響くスタンディングオベーションの壮観な景色のなかで、隣ではシュワルツェルが、ミケルソンの手ほどきで勝者の証に袖を通していた。近くにあるのに、はるか彼方にあるように思えたグリーンジャケット。

4日間を戦い抜き、僕の体に力はもう微塵《みじん》も残っていなかった。けれど、許されることならば、今からもう一度、オーガスタの18ホールをまわりたかった。

「ここに帰ってきたい。ここに帰ってこなくちゃいけない」

すべては、その想いから始まった――。

第2章

四国から望む海

父との二人三脚

父が運転する車の助手席から見る故郷の景色。

市街地にある120ヤードほどの小さなドライビングレンジが、僕のゴルフの原風景だ。

「小さな」といっても、愛媛県松山市にある打ちっ放しの練習場のなかでは必ずしもそうではない。ましてや、まだ4歳だった僕には、視線の向こうにある防球用のネットは果てしなく高く、遠く思えた。

初めてゴルフクラブを握ったのは、1歳半のときだったらしい。ホームビデオには原っぱで背丈よりも長い大人用のモデルを持った姿が残されているが、さすがに覚えていない。

淡い記憶として残っているのは、やはり、街中の練習場の打席でのこと。家族の話ではある日、僕はそこで父と競い合うように1300球以上のボールを打ったそうだ。プロゴルファーになった今でさえ、500球も打ち込む日などそう滅多にない。

おそらくその頃は、1球打つたびに、人工芝のマットに白いボールが自動で次々とティーアップされる様がおかしくて、クラブを振るのに夢中だったのだろう。打球の行方などまったく気にすることもなく、思いのままに。

クラブを与えてくれた父は、年齢が30歳に差しかかろうかというときにゴルフを始めた。学生時代にプロゴルファーを目指したわけではなく、当時、腰を痛めていたことから、体づくりをするためにクラブを握ったのだという。

いわゆるサラリーマンゴルファーとはいえ、遊びではなく真剣に上達を目指すのが父だ。練習場でほかの人のスイングを見ては独学で体の使い方を研究し、３年ほどでアンダーパーをマーク。お金も時間もかかったので一度はやめていたそうだが、幼い僕がゴルフにのめり込むようになった頃に再開させたという。

当時住んでいた、松山市内の２階建ての実家にあった６畳の部屋には、素振りやパッティング練習ができるようにマットが敷きつめられていた。ボールをカップに寄せるためのアプローチショットは廊下から練習した。

幼稚園や小学生時代、周りの子どもと比べ、決して体の大きくなかった僕にとっては十分なスペースだった。外の乗用車１台分の駐車場にはネットが張られ、実際にそこでショットが打てるようになった。

そんな自宅の練習場で、どれだけクラブを振り、ボールを転がし、時間を過ごしてきたことだろう。

父は大人用のアイアンのシャフトを切断し、僕のクラブをつくってくれた。市内のゴルフショップに頼むのではなく、自宅で古いグリップを抜いたり、新しいものを装着したりしてくれたのをよく覚えている。僕が今、クラブをいじるのが好きなのも、あの頃の記憶が影響しているのかもしれない。

たしかに、僕は幼い頃に街中のドライビングレンジで1000球以上打ったこともあったようだが、それはある意味で〝非日常〟だった。

父は仕事も忙しかったし、広い練習場、ましてやゴルフ場で、好きなときに好きなだけ球を打つことが正しいという指導スタンスをとらなかった。

「ボールを打てるありがたみを理解しなくてはいけない」

という考えだ。だから、愛媛で暮らしていた頃、僕はクラブを握る時間の大半を自宅の練習場で過ごしていた。毎日毎日、素振りばかり。教わったスイングが固まってきて、打ちっ放しの練習場に連れて行ってもらえる日が、いつも待ち遠しかった。

松山市立雄郡《ゆうぐん》小学校に入学してからも、いちばん熱中していたのはゴルフだった。「プロゴルファーになりたい」という思いは漠然としたもので、当時はとにかくクラブを振ること、ボールを打つことが楽しかった。

学校にゴルフをしている友達はいなかったため、必然的に父につきっきりで指導してもらっていた。姉と妹はゴルフをしなかったから、父を独り占めする僕のことをよく思っていなかったかもしれない。

素振りができる部屋には全身を映す鏡があり、父子で一緒にそれを見ながらスイングづくりをした。とくに厳しくいわれていたのは、次の２つだったと記憶している。

「頭を動かさないこと」

「右膝を動かさないこと」

この教えは、今の僕が考えるスイングにも通じるところがある。

クラブを持たないときにも、テレビでプロゴルフの試合やゴルフ専門チャンネルのレッスン番組を父子で観ては楽しんでいた。

実際にツアートーナメントで活躍するプロゴルファーが出演するシーンでは、父はタイガー・ウッズを中心にジャック・ニクラウスやフレッド・カプルス、リー・トレビノといったアメリカのスーパースターのスイングや、日本のトッププロの動きを解説してくれた。

ただし、僕もすべてを素直に飲み込んでいたわけではなかった。内心は、

「お父さん、この前と言っていることが違うなあ」

なんて思うこともあった。とはいえ、そこで何か言い返すわけでもなく、自分なりに分析することで考える力をつけていったようにも思う。

ゴルフやスイングの理論は、時代によって都度変化している。だから、父の指導内容が変遷していったのも今思えば無理はない。

「どれを目指せば良いのか。正解がわからない」

と迷い、悩むことは、プロゴルファーとしてキャリアを重ねてきた現在の自分にも当たり前のようにある。

しかし、そこで考えることをやめてしまうと、とたんに成長は止まる。

一生を左右する原体験

実際のゴルフ場で初めてプレーしたのは小学1年生のときだった。

松山市の北部、タオルの産地として有名な今治市《いまばり》にも近い、山間のティーイングエリアから瀬戸内海を見渡せる、奥道後《おくどうご》ゴルフクラブだった。

椰子《やし》や松をはじめとした多くの種類の木々が各ホールで高く伸びていて、アップダウンもある自然豊かな丘陵コースだ。

隣にはもちろん父がいた。初めてのラウンドだというのに、僕は一般女性や子どもが使う距離が短い前方のティーイングエリアではなく、大人の男性が選ぶような後方のいわゆる〝レギュラーティー〟からプレーした。

小学1年生には、18ホールで6000ヤードを超える距離はあまりにも長い。最近の小学生の全国大会では、6年生を対象にした試合でも5500ヤード前後が通常らしい。でも、そのときの僕は、ついにゴルフ場でスコアをつけながらラウンドできること自体にワクワクしていた。

今でも忘れられないショットがある。

打ち下ろしの4番ホールはティーイングエリアの前を谷が横切っていて、フェアウェイに届かせるためには、キャリー（ノーバウンド）で120ヤードくらい飛ばす必要があった。

当時はドライバーで100ヤード飛べばいいほうで、どう考えても谷は越えられない。自分でもそれはわかっていた。とりあえず1発打って、ペナルティーを加えて次は前のほうから打つことになるのだろうと思っていた。

でも、僕は「越えたい」と思って、力のかぎりクラブを振った。

飛び出したボールは谷底の池に落ちると思っていたら、ティーイングエリアとフェアウェイを結ぶ橋の上で「カン、カン！」と何回か跳ねて前に進み、向こう側に到達した。

僕も父も、目を丸くして笑った。

紙のスコアカードに初めて刻んだ合計スコアは「１３６」。夏の暑い日だった。

それ以降も、奥道後ゴルフクラブでは、たくさんの人にお世話になった。週末になると父とコースで球拾いをする代わりに、西日を背にして山に向かって打つドライビングレンジやパッティンググリーンで練習させてもらったり、ほかのお客さんが少ないときにコースをまわらせてもらったりしていた。

「１３６」の初ラウンドから数カ月後の小学1年生の冬のこと。僕はそのコースで初めて「プロゴルファー」に出会った。

いつものように父と二人で練習していたある日、駐車場には、それまで見たことがないトレーラーが停まっていた。街を走る、お客さんをたくさん乗せたバスなんかとはちょっと違う。車内には新品のゴルフクラブやボールが積まれていた。

10番ホールからスタートした何人かの大人のゴルファーのなかに、ものすごく上手な人がいた。大柄な父よりも背が高い。

「誰だろう？」

一目ではわからず、こっそり父に聞いた。

「青木功《いさお》さんだ」

そう教えてくれた。

青木さんは世界に羽ばたいた日本のプロゴルファーの草分け的な存在で、昭和のゴルフブームを牽引した。青木さんの「A」、尾崎将司さんの「O」、中嶋常幸さんの「N」をとって「AON」と呼ばれた、日本のゴルフ史に残るレジェンドのうちの一人だ。

日本男子ゴルフツアーで歴代2番目となる51回の優勝を誇るだけでなく、1983年の「ハワイアンオープン」で、日本人として初めてPGAツアーでの優勝を果たした。日本とアメリカをはじめ海外のツアーを行き来しながら成功を収めた先駆者といえる。2021年現在は、日本男子ツアーを統括する日本ゴルフツアー機構（JGTO）の会長を務められている。

小学1年生だった僕は、当時、青木さんの輝かしい実績のことは知らなかった。けれど、テレビの世界のプロゴルファーを目の前にして、「すごい人だ！」と居ても立ってもいられなくなった。

とても声などかけられず遠目に眺めているうちに、青木さんは別のプロゴルファーと一緒に練習ラウンドを進めていった。

僕はその後ろ姿を、父と追いかけることにした。せっかく会えたプロゴルファーに嫌われたくはないから、邪魔にならないようにこっそりと。

ところが、終始50メートルくらい後ろをついていったつもりが、見たい気持ちを抑えられなかった僕は、いつの間にか父から離れ、青木さんにずいぶん近づいてしまっていたらしい。5ホール目の14番だっただろうか。僕に気づいたプロゴルファーが、

「おいで」

と声をかけて手招きしてくれた。飛び上がりそうなほど嬉しくなった僕は、それからは青木さんのもとを離れなかった。一緒にコースを歩いて、ショットのときには1メートル近くまで寄り、腰をかがめてプロのインパクトの瞬間を見て、音を聞いた。

今思えば、ゴルフ場に用具を積んだトレーラーが来ていたということは、おそらく新シーズンに向けてクラブやボールをテストしていたのだろう。それでも青木さんは隣にいる、ただの小学1年生を咎《とが》めることはしなかった。

ラウンドの最後の18番ホール、青木さんはグリーンのそばからアプローチショットを打った。低く、鋭く飛び出たボールを見て、僕が一瞬「あっ、強い」と思ったとたん、球はカップの近くでスピンがかかり、「キュキュッ！」と止まった。

「あんなアプローチ、やってみたいなあ」

口を開けて父と感嘆するばかりだった。

同じ冬のある日、青木さんは奥道後ゴルフクラブで、プロゴルファーを目指してコースに勤務しているアマチュア選手、いわゆる研修生を指導していた。僕も研修生の皆さんの後ろの打席を確保して、並んで一緒に打つことにした。

「プロはどんなことを言うんだろう？」

と思って聞き耳を立てていると、青木さんは若いゴルファーが打つのを見て、

「そんなにキレイなライから打ったらダメだ。試合じゃもっと難しいぞ」

とアドバイスし、打席のボールを足で踏んづけて、地面に半分くらい埋めて打たせていた。ゴルフはコースに出ればいつもの練習場のような、平らで、ラフもなく、何にも邪魔されないところから打てるとはかぎらない。

だから、僕も真似をした。怒られたくないと思って一生懸命、足でボールを土に沈めた。すると、そんな姿を見た青木さんは、

「坊やはまだやっちゃだめだ」

と笑っていた。

夢のような時間のあいだ、青木さんは、

「プロゴルファーの名前を知っているかい？　目標は誰かな？」

と聞いてくれた。僕はとっさに、

「丸山茂樹！」

と答えた。丸山さんは当時、日本ツアーで大活躍していた若手選手の一人で、2000年代にPGAツアーで日本人として青木さん以来の優勝を飾るスター選手だった。小さかった僕にしてみれば、「マルヤマシゲキ」の響きが「マツヤマヒデキ」と似ていたから、勝手に親近感も覚えていた。振り返ってみると、青木さんには本当に失礼な話で、今でも恥ずかしい。

でも、初めて会ったプロゴルファーは、そんな子どもにも最後まで優しかった。僕の肩に両手をのせて、一緒に収まってくれた記念写真は今も愛媛の実家に飾られている。

小学2年生になると、僕はより真剣にゴルフと向き合うようになった。

平日は小学校から帰って、相変わらず自宅で素振りとパター練習ばかりしていた。AONや丸山さん、PGAツアーの選手の打ち方を真似て、パッティングのときに、

「これを決めれば優勝です」

「入れました！　松山選手、勝ちました!!」

と口にしながら、トーナメントで自分が活躍する姿を想像していた。

でも、そんな独り言に熱中しすぎて練習をおろそかにしていると、父にこっぴどく

怒られたものだった。

そんな僕のゴルフへの熱がさらに高まったのは、父が奥道後ゴルフクラブからは車で15分ほどの距離にある同じ松山市内の北条カントリー倶楽部の会員になり、本格的に競技ゴルフに取り組んだのが大きなきっかけだ。

父はその年齢でプロを目指したわけではなかったが、コースのメンバーとして毎週土日のどちらかの〝月例会〟と呼ばれる試合や、〝研修会〟といったレッスン会に参加していた。

それまでとは違い、真剣な競技を実際に自分が経験することで何かを感じ、僕のその後の指導につながるのではないかと父なりに考えていたらしい。

打ちっ放しの練習場に行くのは週に多くて２回程度だったが、週末のどちらかはその北条カントリー倶楽部で練習した。

月例会や研修会に参加している父から、車の鍵と僕のクラブを渡され、桜の木が立つパッティンググリーンやバンカーで時間を過ごした。ときには背の低い木々の上や幹の隙間を通してみたり、茂みの中から打ってみたり。僕にとっては十分な遊び場でもあり、れっきとした練習場でもあった。当時の得意クラブがサンドウェッジだったのも当然かもしれない。

ゴルフ人口は、アメリカに次いで2番目に多いといわれるほどゴルフが盛んな日本だが、はっきり言ってジュニアがプレーする環境は欧米に比べて未熟と言わざるをえない。

都市部では市街地から遠いゴルフ場が多く、しかも、子どもには敷居が高い。プレーする料金も安くはなく、家計への負担が大きいため、公園で野球やサッカーを楽しむように簡単にラウンドすることができない。

しかし、北条カントリー倶楽部でも、たくさんの大人の方が親切にしてくれた。

僕は朝9時にコースに到着してから父がプレーするあいだ、ほとんどの時間を一人練習場で過ごし、お客さんが少なくなった午後3時以降にプレーさせてもらうのがいつものパターンだったが、別のメンバーの方が、

「ついてくるかい？」

と声をかけてくれて、ラウンドに同行させてもらうこともあった。

キャディーさんの手伝いをしながらボールを拭いたり、話し相手になったりしていたら、

「一発、打ってみるか」

と誘ってくれた方もいた。

ティーショットで大人をアウトドライブすると、

「飛ぶようになったなあ」

とみんなが喜んでくれた。ゴルフを一緒にする小学生の友達はいなかったけれど、心優しい大人の方たちが仲間に入れてくれて、僕は救われた。

子どもがいい方向に導かれるには、絶対に周りの大人の力が必要だ。その意味で僕は幸運だった。

ゴルフの試合に初めて出場したのも、小学2年生のときだった。

関東をはじめとした大都市圏とは違い、四国地方は当時ジュニアゴルフが盛んではなく、公式戦と呼べる大会は年間で2試合しかなかった。

四国ジュニアゴルフ選手権はそのうちの一つで、〝ホームコース〟の北条カントリー倶楽部が会場になっていた。父がメンバーになった理由も実はそこにあった。

初めての試合のスタート前、取材に来ていた地元テレビ局のインタビューを受け、僕はこう答えた。

「98でまわりたいです」

それまでの僕は、18ホールを2ケタでまわった試しがなかったのに、だ。

知り尽くしているコースで、スタートの10番をダブルボギーで終え、カメラに向かってガッツポーズをした。

当時は体が小さく、背の順に並ぶとクラスでも前から数えたほうが早かった。だから、飛距離が出るほうではなく、いつも触っていたウェッジやパターで必死にスコアメークした。

最終ホールの9番を終えて、僕はスコアカードに「98」と記した。

スタート前の宣言どおりの数字で、目標にしていた「100切り」を、初めて出た競技で成功させた。

スコアの提出所で計算が遅くてもたついていたとき、カードを確認してくれたおじさんに、

「勉強も頑張るんだよ。ゴルフは数字を使うから算数をやっておいて損はないよ」

と言われたけれど、大きな達成感があった。

この四国ジュニアでは、小学5年生のときに初めて優勝した。

おそらくその前後にはアンダーパーをマークしていたはずだが、そのときのことは覚えていない。

ゴルフの楽しさの一つは、どんなレベルのゴルファーも自分が立てた目標に対して一喜一憂できることだと思う。プロゴルファーだろうが、アマチュアだろうが、年代も性別も関係なく、誰もが自分自身と戦うことができる。

小学3年生になると、父と県外に赴くことが多くなった。

2000年、僕は別のレジェンドのプロゴルファーと対面した。「AON」の「N」である中嶋常幸さんだ。

日本ツアーで通算48勝を挙げた中嶋さんは、1987年までに4つのメジャー大会(マスターズ、全米プロ、全米オープン、全英オープン)のすべてで、日本人として初めてトップ10入りを果たした。今ではマスターズのテレビ解説でもお馴染みだと思う。

父が兵庫県で参加したゴルフメーカー主催のプロアマ大会は、アマチュアゴルファーがツアーでプレーするプロゴルファーと交流できる絶好のチャンスだった。朝のスタート前、ドライビングレンジのいちばん左端の打席で練習していたのが中嶋さんだった。

その前の打席でボールを打ちはじめた父は、見学に来ていた僕に突然、こうささやいた。

「知ってるか？　中嶋さん、昔は今よりもっとすごかったんだぞ」

中嶋さんは当時、ちょうど5シーズンほど優勝から見放されていた時期だった。その日は霧が濃く、練習場の上空は打球が目で追えないほど視界が悪かった。

すると、かろうじて見渡せた地面、打席から30ヤードほど先の直径約1メートルのエリアに、中嶋さんが放った高いロブショットがなんと3球立て続けに落ちた。

「すごい！」

トッププロの、いや世界と戦ってきた一流選手の技に、僕ら父子は目が釘付けになった。練習を終えた中嶋さんは僕らの脇を通るとき、

「これからだよ」

と言って去っていった。父のささやき声はどうやらプロの耳にも届いていたらしい。

ところで、ゴルフに没頭してきた僕だが、一時だけ別のスポーツに心を惹かれたことがあった。

小学3年生だった2000年7月、知人家族に松山市にある坊っちゃんスタジアム（松山中央公園野球場）で行われた、プロ野球の試合観戦に連れて行ってもらった。

その日のカードは広島対中日戦で、僕は中日のスターだった立浪和義内野手のユニフォームを着てレフトスタンドに座っていた（ちなみに、僕は巨人ファンだ）。

広島の攻撃中、金本知憲外野手が中日の左腕、山本昌広投手から特大のホームランをライトスタンドに打ち込んだ。その放物線が忘れられず、野球が大好きになった。

のちに進学する高知県の明徳義塾高校は、甲子園の常連で、東北福祉大学もその金本さんほか、プロ野球選手を多く輩出していることもあって、今も野球中継に自然と

目がいく。

大人になってから、引退後の立浪さんにお会いする機会があり、挨拶をさせていただいたら、そのあとユニフォームを送ってくださった。

フロリダの自宅には硬式球とグローブがいくつかあり、ウォーミングアップやコンディショニングがてらにキャッチボールをすることもある。２０１１年以降、プロ野球の試合で何度か始球式も務めさせてもらった。

アメリカに行ってからは、テキサスでダルビッシュ有投手の試合を観戦したこともある。ボストンのフェンウェイパークでは、上原浩治投手とキャッチボールをさせてもらった。大谷翔平選手の活躍も楽しみでしかたがない。

子どもが伸びるのに必要なのは機会と経験

２００2年11月のある日。僕はいつものように父の運転する自動車の助手席に座っていた。けれど、向かったのは近所の奥道後ゴルフクラブでも、北条カントリー倶楽部でもない。

松山市内から2時間、西に向かった車は岬でフェリーに乗船した。豊後水道を渡り、九州の大分県の港に着くと、再び車に乗って3時間南下した。

その日、僕は人生で初めてプロゴルフの試合を観戦した。

宮崎県のフェニックスカントリークラブで行われる、ダンロップフェニックストーナメントという日本男子ツアーの大会は、毎年、外国から多くのトッププロが招待され、一流の日本人選手と腕を競い合う。

その年のフィールドの目玉は、タイガー・ウッズにほかならなかった。

僕は、幼い頃に日本のプロゴルファーに憧れた一方で、タイガーを〝神様〟に見立てる世代の一人だ。

1975年生まれのタイガーは、アメリカ人の父とタイ人の母のあいだに生まれ、学生時代からゴルフのあらゆる記録を塗り替えてきた。

アマチュアからプロに転向した翌年の1997年、史上最年少の21歳でマスターズで優勝。しかも、4日間72ホールで、2位の選手に12打差をつける異次元のプレーだった。

2000年までに、全米オープン、全英オープン、全米プロも制してすべてのメジャータイトルを獲得する〝キャリアグランドスラム〟を達成。現代の最高のゴルファーとして誰もが認める存在だ。

宮崎で足を踏み入れた、テレビ画面の向こう側の世界。

小学5年生、10歳だった僕は、トレードマークの赤いシャツと黒いパンツに身を包んだ最終日のスーパースターを、大観衆のなかの一人として追いかけた。

前日までにトップの選手にリードを許し、逆転優勝に向かってスタートしたタイガー。序盤の4番ホール、まっすぐなパー5で左サイドからアイアンで放たれた2打目がグリーンの右に飛んで行ったのを見て、僕は一目散に駆け出した。

「タイガーを近くで見たい」

周りのたくさんのギャラリー（観客）に負けじと、荷物を持った父を置き去りにして、松の枯葉を踏みながら林の中を全力で走った。

ゴルフ場には選手とギャラリーが歩くエリアを仕切るためのロープが張り巡らされている。タイガーのショットは大きく曲がったため、3打目はロープのそば、大勢の人の近くから打つことになった。

ピンまでの残り距離はおよそ25ヤード。僕はタイガーの右斜め前、5歩も近づけば体に触れることができるくらい近い場所を確保できた。絶好の観戦ポジションだ。そういえば、はぐれてしまった父はどこだろう？　見まわすと、僕とは反対の、タイガーの左斜め前で腰をかがめていたから安心した。

タイガーは3打目のアプローチを打つ前に、グリーンに向かって歩き出した。ボールをどこに落とせばピンに寄っていくかを考えているようだった。戻ってきてウェッジを握り、ゆっくりと素振りを始めた。

その瞬間、僕の体は固まった。

タイガーの大きな目を見て怖くなったからだ。鋭い眼光で、まるで金縛りにあったように動けなくなってしまった。彼が見つめているのはグリーンだけれど、自分がにらまれているような錯覚に陥った。選手がショットをする直前は、ギャラリーはその場から動かずに静かにしているのがマナーだ。しかし、

「後ろに下がって、ここから逃げ出したい」

そう思うほどだった。タイガーはそのホールをパーで終えて、結局8位でコースを去った。その大会では、父に肩車をしてもらって、練習場で大観衆を集めている尾崎将司さんを観戦したり、優勝した横尾要さんの様子を見たりしたのも覚えている。

それでも当時、記憶に強く焼きついたのは、タイガーのあの眼差しだった。

ダンロップフェニックストーナメントは、その2年後も僕は現地で観戦した。

2004年大会のタイガーは、今度は初日からトップを走った。優勝に向けて逃げ切りを図っていた最終日の13番ホール。グリーン右奥、バンカーの近くのエリアからのアプローチで、ポンッと浮いたボールを見て、僕は一瞬、ミスショットだと思った。

しかし、ボールはラフの上を転がっていき、「パン、パン、パン、スー」っと、カ

ップのそばに寄った。

中学校に入学した年の秋だったから、ゴルフの技術への知識も増えていたはずだ。でも、そのメカニズムにはまったく理解が及ばなかった。タイガーは結局、2位に8打差をつけて優勝。次の年も勝って2連覇に成功した。


振り返ると、父はさまざまなかたちでゴルフを経験させてくれた。

自宅の部屋や駐車場を練習場に改造し、僕はとにかく素振りをベースにしてスイングづくりに励んだ。屋外で練習できる機会は全国のジュニアゴルファーより少なかったかもしれないが、父は〝むやみやたらに打つこと〟を絶対に許さなかった。

外でショット練習をしたときは、その様子を家庭用のビデオカメラで撮影し、帰ってから一緒に映像を眺めて復習した。朝早く会社に向かい、昼間の練習にもつきあって、夜遅くまで仕事に励んでいた。いったい、いつ眠っていたのか不思議なくらいだった。

ボールを打つことへの指導だけでなく、青木功さんや中嶋常幸さん、尾崎将司さんやタイガー・ウッズの姿を、小学生のうちに生で見る機会も与えてくれた。

また、みずからも競技ゴルフに打ち込むことで、僕は父のキャディーとしてアマチュアの大会に参加することがあった。

小学4年生のとき、広島県で行われた中四国オープンゴルフ選手権では、バッグを手引きカートで運んでサポートした。あまりに重くて選手で出場した父も手伝ってくれた。ボールを打つことはないキャディーでも、実際の試合の雰囲気は感じることができる。会場のリージャスクレストゴルフクラブがあまりに難しそうに思えたのを覚えている。

2006年、父はついに国内のアマチュア競技の最高峰である日本アマチュアゴルフ選手権に出場し、当時、中学3年生だった僕が再びキャディーを務めた。試合が行われた兵庫県の東広野ゴルフ倶楽部の美しさに驚き、トップアマの世界にふれた。ちなみに、優勝したのは2010年、2015年に日本男子ツアーの賞金王になった金 庚泰《キムキョンテ》で、準優勝だった康晟訓《カンスンフン》は現在、僕がプレーしているPGAツアーの選手でもある。

正直に言えば、父のゴルフの指導は〝スパルタ〟といえた。ときには、今の時代にそぐわないであろう教えもあったかもしれない。

ただし、父は僕の「スコアカードだけを見て怒る」ことは絶対になかった。必ずプレーの「内容」を見て、厳しく諭された。

どんなゴルファーも1打でも少なくプレーするように力を尽くす。ゴルフはその気持ちとのせめぎ合いだ。1ホールのなかにも良いショットと悪いショットがあり、それを積み重ねて18ホールのスコアを、プロゴルファーであれば4日間72ホールのスコアをつくる。

「パー4でのパー」は同じ「4」でも、人それぞれ、同じゴルファーでも時と場合によって「内容」が異なる。

1打目も2打目も思いどおりのショットを打って、たった1メートルのバーディーパットを外してしまったのも「4」のパー。

一方、第1打をミスショットで大きく曲げて、林からの2打目をフェアウェイに出し、3打目でなんとかグリーンにのせて、5メートルのパットを決めるのも「4」のパー。同じスコアでも「内容」は別物だ。

ピンチに瀕した2打目からどういう意図をもって、どうやってグリーンにのせ、ピンにボールを近づけるために、毎ショットでどう判断したかという「内容」はいつも違う。

野球の投手も1回を無失点で終えるのに、三者凡退と3四死球を出して切り抜けるのとでは意味合いが違うはずだ。

立たされた状況と自分の技術レベルを照らし合わせ、どういう選択をして、成功または失敗に導かれたかが「内容」であり、これこそがゴルファーが突きつめるべきポイントだと思う。1打でも少なくホールアウトするために、いくつかあるルートを思い浮かべ、それぞれのメリットとデメリットを考えて判断していく必要がある。

ゴルフの指導者は小さなゴルファーに一方的にアドバイスを送るだけでなく、一つのショットについて「どういう意図で打ったか」、ミスショットが出た場合は「どういう失敗だったか」を本人に説明させるような教えが重要だと思う。

最初のうちはそれができないのが子どもであり、できるようになることが成長の証でもある。

プロゴルフは結果が問われる世界だが、成長段階にあるアマチュア、とくにジュニアゴルファーはスコアカードにある数字だけで、あるいはほかの選手との打数の違いだけで評価されるべきではない。子どもを結果だけで頭ごなしに怒る大人は、彼ら、彼女たちの成長を止めてしまう。

また、指導を受ける側のゴルファーも、早い時期から一打への自分の意図、プロセスをはっきりと説明できるように練習から取り組んでほしい。

主張をしないまま誰かに怒られるばかりでは、ステップアップは見込めない。

何をどう考えたかを口にするのは、はっきりと自己主張をする欧米の社会でやり抜くことにも、いずれつながるかもしれない。

第3章 ライバルの存在

新しい環境に挑む

自宅から歩いて10分ほどのところにあった雄郡小学校には、ゴルフをする友達はいなかった。スポーツに熱心な生徒のほとんどが取り組んでいたのは、バレーボールかバスケットボール。

校内のゴルフ好きな先生に、一度コースに連れて行ってもらったこともあったが、ボールとクラブの前では、一人か、もしくは父と過ごす時間がほとんどだった。

それでも、香川県の原敏之《はらさとし》は、年に2回、四国のジュニア大会で会うことができる数少ない同級生だった。

小学6年生の春の大会のプレーオフでぶつかり、自分のライバルだと思った。たくさんのことを話せる仲だったし、なによりゴルフで競い合える、負けたくないと思える存在だった。

松山市立雄新中学校に進んでからも、授業が終わればゴルフに明け暮れていた。しかし、1年生の秋に、一度苦い体験をした。

四国で行われた試合で優勝し、夏休み明けに学校で1年生だけが集まった会で表彰されたときのことだ。クラスのみんなが僕の活躍を喜んでくれた一方で、ほかのクラスの生徒からは冷たい視線を感じた。

「たかがゴルフでしょう？」

「四国で優勝することのどこがすごいの？」

そんな声が耳に届き、せっかくの拍手もなんだかむなしく聞こえた。

さらに、その2学期から、周りの友達は高校受験に向けて勉強に一生懸命になっていった。先生の「今から頑張らなければ受験に間に合わない」という言葉に触発され勉強に打ち込む周りの友達と、スポーツに打ち込みたい僕とのあいだにギャップを感じるようになった。

「2年生になって、新しいクラスになったら雰囲気も変わるかなあ」

そう考えてばかりいた。


そんな時期に、お隣の高知県にある明徳義塾中学校から編入の誘いがあった。

明徳義塾は中高一貫のスポーツが盛んな学校として全国的にも有名で、プロ野球選手を輩出した野球部や、大相撲元横綱の朝青龍関が所属した相撲部のほか、サッカー部や卓球部も全国レベルにある。そして、ゴルフ部は女子プロの横峯さくらさんを送り出していた。

実は、小学2年生で初めて試合に出て「100」を切ったとき、スコア提出所で、

「勉強も頑張るんだよ。ゴルフは数字を使うから、算数をやっておいて損はないよ」

と声をかけてくれた優しそうなおじさんは、明徳義塾ゴルフ部の高橋章夫監督だった。高学年になるにつれて、同じ大会で、

「大きくなったら明徳に来てや」

と言われるようになり、初めてその事実を知った。人との縁はなんとも不思議だ。最初は反対していた父を説得したという高橋監督の勧めで、僕は転校を決意した。とはいえ、当時は「プロゴルファーになりたい」というのは、はるか彼方の淡い夢でしかなかった。

ところで、明徳義塾中学校に入るためには、1年生の学年末に受験をしなくてはいけなかった。英語、国語、数学の3教科のペーパーテストで満足に答えられなかったのを覚えている。数日後に高橋監督から連絡があった。電話口で、

「おんしゃー、ちったあ、勉強もせなあかんで」

と言われた。ああ、やっぱり不合格か。僕としては学校でまったく習っていない範囲がテストに出たという言い訳もしたかったのだけど。すると、受験を終えた直後、通っていた中学校で、まさにテストに出た箇所の授業が始まった。

「これや！　受験のときに出たやつや。もうちょっと早く教えてくれたら、答えられたのに」

とガッカリしたが、明徳義塾中学校から届いた結果は「合格」だった。

晴れて明徳義塾中学校への転校が決まった僕は、高知県で寮生活を送ることになった。故郷の愛媛県松山市からは自動車でおよそ2時間半。眼下に望む海は瀬戸内海から土佐湾に変わった。

親元を離れることは寂しくもあり、新しい世界を前にワクワクした思いもあった。いわゆる反抗期の真っ最中で、ある意味では、父のマンツーマンの厳しい指導から距離を置きたい気持ちもあったかもしれない。

寮では最初、野球部の同級生と同部屋になった。

団体生活は新鮮だった。学んだものは計り知れない。今でも洗濯や掃除など、最低限の身のまわりのことを自分でこなすのは、さほど苦にならないでいる。

新しい環境での毎日がすべて順調だったわけではない。それでも、なにせ毎日ゴルフボールを打てることが嬉しくてしかたがなかった。

とくに、高校生にはうまい先輩がたくさんいたし、近い年代のゴルファーに話を聞くことは、父と二人だけで練習していた時期にはほとんどない経験だった。ゴルフ部には初心者の生徒もいたが、個々のレベルは関係なく、一緒に上達していく過程が楽しかった。

一日の基本的なスケジュールは、午後2時50分の授業終了後、3時から学校の敷地内で練習を開始。準備体操とランニングをしてから、数人のグループに分かれて、素振り、アプローチ、パッティング、ショット練習の各スポットを30分毎にローテーションする。締めくくりの球拾いが30分近くかかり、6時には撤収しなくてはいけないので、練習時間は実質2時間程度だった。

ちなみに、ショット練習ができるドライビングレンジは打席から30ヤードほどで、目の前の山の斜面にかかったネットに届いてしまう。

とはいえ、ゴルフ部ができた数十年前は、高橋監督が食堂からもらってきた発泡スチロールを切り刻み、ボール代わりにして練習させていたというから、当時に比べればだいぶ恵まれていた。どれだけ使い古されていても、ゴルフボールの感触を毎日、味わうことができるのだから。

校内での練習日以外にゴルフ場には週に3回、行くことができた。

月曜日は、学校からバスで約15分のところにあるスカイ・ベイゴルフクラブでラウンドをさせてもらった。週末は、女子プロゴルフツアーの会場にもなっている土佐カントリークラブで、まず営業の手伝いをする。土曜日は、午前8時からお客さんのキャディーバッグをカートに積み込み、11時に練習場での球拾い。

昼食のあと、午後にはプレーするチャンスがある。お客さんが多い日は3時くらいから９ホール、少ない日はそれより前から18ホールをまわった。

部員同士のラウンドとはいえ真剣勝負だった。スコアで上位５、６人が翌日の日曜日に高校生の遠征に加わることができるからだ。明徳義塾高校の部員は男子プロゴルフツアー、カシオワールドオープンゴルフトーナメントの会場であるＫｏｃｈｉ黒潮カントリークラブでプレーできる。

ちなみに、高校生は土曜日に数名が土佐カントリークラブで中学生の世話をするのだが、僕は高校時代に毎週必ずその役を買って出た。少しでもゴルフ場の空気を吸っていたかったからだ。

また、カシオワールドオープンでは毎年、僕たちは試合運営のボランティアにも駆り出された。練習場で球拾いをしたり、観戦に来るお客さんのためのイベントの手伝いをしたりした。なかでも僕は、プロのプレーを間近で見られるキャリングボード（各選手のスコアの掲示板を持ってコースを歩く仕事）の担当を願い出ていた。

中学生だった２００５年、２００６年には、女子プロゴルファーに転向して間もないアメリカのミッシェル・ウィーが、男子選手に混じって出場していた。10番ホールのティーイングエリアで、

「でっかいなあ」

と彼女を見上げたのを覚えている。

ボランティア仕事のあいだ、男子のトッププロのスイングを動画に収めるため、デジタルカメラをジャケットに忍ばせていた。本当は禁止されていたけれど、こっそり撮影して寮のベッドで何度も見返すのが楽しみだった。

毎日ボールを打つことができる環境に身を置いたとはいえ、集団生活のなかですべてが自由になったわけではない。1球でも多く球を打ちたい僕は、「時間をどう使うか」ということばかりを考えていた。

5分でもいい、10分でもいいから余計に球を打ちたい。

その思いで、僕は食事の時間を削ることにした。寮生活を送るゴルフ部員は午後6時の全体練習終了後、6時50分までに夕食と風呂を済ませるのがルールだった。だから、僕は6時25分まで打席に残って、電灯の明かりを頼りに練習を続け、そこから猛スピードで夕食をかき込み、カラスの行水のごとく体をきれいにして6時50分の点呼に滑り込んだ。

早朝5時過ぎからの練習も何度か試みたことがあった。ただ、この朝練は継続がなかなか難しい。寮の部屋には、ほかの部活の生徒もいるため、自分だけ早く目覚まし時計をセットするわけにはいかなかった。体内時計を信じて〝気合い〟だけで起床するのは至難の業だった。

とはいえ、制限されたなかで生活を送り、限られた時間で「何ができるか」を考える毎日は、のちのち役立つことも多かった。

プロゴルファーは誰にも練習を強要されない。かといって、時間を無限に与えられているわけではない。遠征中に長距離移動や悪天候、思わぬハプニングで想定していた練習ができないときもある。それぞれのタイミングで行動の判断を求められ、そこには自分の責任をともなう。

中学2年生のとき、友達と遊んでいて転倒し、右手の甲の親指に近い部分を骨折したことがあった。3週後に北条カントリー倶楽部での四国ジュニアが控えていた。高知に移ってから久々の地元での試合。両親や昔お世話になった人たちが残念がる顔を想像すると、出場をあきらめられなかった。

患部を診た病院の先生に、最初、フルスイングを止められた。たしかに、左手で持ったクラブに右手を添えるだけでも痛い。何日か経って肘まであった頑丈なギプスがサポーターになったが、許しが出ない。

それでも出場エントリーは取り消さなかった。試合前日になってサポーターは手首の位置まで短くなり、強行出場を決めた。結果は2位。優勝はできなかったが、故障を抱えながらのプレーは練習時間もコンディションも制限されたなかで「何ができるか」と考える日々の努力が凝縮されたもので、発見できたことも多かった。

はるか彼方を行くライバルの存在

一人の人間として、ゴルファーとして、互いを激しく意識する存在というのは、そう多くいるわけではない。

学生時代、僕がほかの選手から強烈なインパクトを受けたのが、明徳義塾中学校に転校する直前のことだった。

全国中学校ゴルフ選手権・春季大会に出場した僕は、同じ組でプレーした一人のゴルファーに圧倒された。

中学1年生の終わり、同い年の選手にドライバーショットで40ヤードの飛距離差をつけられたのは初めての経験だった。アイアンショットも弾道が高く、僕が得意クラブにしていたサンドウェッジの技術も驚くほど高い。

彼の名前は、石川遼といった。

当時の僕は、身長が150センチほどで、彼のほうが、僕よりも上背があったのは確かだ。しかし、ゴルフの実力差は背丈の違いどころではなかった。なにより、遼の全身をしならせるスイングの美しさ、ダイナミックさに目を奪われた。

「同じ学年にこれほどの選手がいるのか」

試合を終えたあと、父にこう伝えずにはいられなかった。

「すごいやつがいたんだ」

埼玉の公立中学に通っていた遼は２００５年の夏、２年生で全国中学校ゴルフ選手権に優勝した。オーラが出ていて近寄りがたく、声すらかけられずにいた僕は、

「こういう選手が勝つんだ」

と納得していた。３年生のとき、僕たちは同じ組で〝再会〟し、全国大会で再び相まみえた。僕の身長も１７０センチに到達し、実力差は初めて彼に会ったときよりも小さくなったように感じた。

ところが、僕が明徳義塾高校に進学して１カ月後の２００７年５月。日本のゴルフ界を震撼させる出来事が起こった。

あの日、僕は同じ高校の卓球部を応援するため、ゴルフ部の一員として高知市内の体育館にいた。スポーツが盛んな明徳義塾では部活単位で、ほかの運動部の大きな試合を会場で応援する文化があった。

ところが、ゴルフ部の大会の応援にはどの部の生徒も来てくれないので、正直言って僕は不貞腐《ふてくさ》れていた。

「『甲子園で優勝した』というのならわかる。でも、オレだって全国大会に毎回出て

いるのにな」

といった具合にだ。帰りのスクールバスで、きっと不満顔をしていた僕に、ゴルフ部の仲間がささやいた。

「石川遼が優勝した！」

耳を疑った。1カ月前、東京の杉並学院高校に進んだ遼が、岡山県で行われた日本の男子プロゴルフツアー、マンシングウェアオープンKSBカップで優勝したのだ。学生の、アマチュアの試合で勝ったわけではない。テレビの向こうのプロの試合での話だ。

アマチュア選手のツアー大会優勝は、1980年に中四国オープンを制した倉本昌弘さん以来、実に27年ぶりの快挙だった。15歳245日で樹立した最年少優勝記録は今後、いったいいつ破られることだろう。

たしかに前日までのニュースで、遼が決勝ラウンドに進出したのは知っていた。高校1年生が予選を突破した時点で驚きではある。

ところが、強風によって大会の初日が中止され、決勝進出者が1日で36ホールをまわった最終日に彼は大逆転。僕は最初、出場アマのなかでトップの成績を収めるローアマチュアだろうと疑ったが、優勝者に贈られる赤いジャケット姿で喜ぶ遼の様子は、たちまち全国を駆け巡った。

「信じられない。俺は2カ月前にこいつと一緒にプレーしたんだぞ」

ただ悔しくて、事実を簡単に受け入れられない。あまりに複雑な心境のまま、寮に向かうバスに揺られていた。

翌日から世間は遼フィーバー一色になった。〝ハニカミ王子〟のニックネームが連日メディアを賑わせ、それ以降、遼が出場した大会はアマチュア、プロのカテゴリーを問わず大盛況だった。

今であれば、「同じ年の選手が優勝したのだから、自分にも勝てる可能性がある」と感じられるかもしれないが、当時は到底そうは思えなかった。アマチュアが、しかも、高校1年生がプロの試合で優勝するという事実は、それほどの、〝ありえない〟快挙だった。

僕は彼とどれほど遠いところにいるのか。自分とツアーでプレーするプロゴルファーの実力差を考えるには、毎年、カシオワールドオープンが行われるＫｏｃｈｉ黒潮カントリークラブでのスコア比較が手っ取り早かった。

しかし、僕が毎週日曜日の部活動のラウンドで記録する数字は、大会で優勝するプロのそれにとても及ぶようなものではなかった。

いつも一つの壁を越えた先に、もっと高い壁が目の前にそびえ立つ。

次のステージに立ったとき、誰もが新しい環境に驚いたり、打ちひしがれたりすることがあるだろう。

遼がプロに転向した2008年は、僕も高校2年生として一定の実績を残すことができた。春先は練習中に腰をケガして、3日ほどベッドから起き上がれないアクシデントがあったが、パターとアプローチショット練習だけに専念したあと、迎えた四国アマチュアゴルフ選手権で優勝した。

四国のチャンピオンとして、7月には父がかつて出場した日本アマチュア選手権でベスト16の成績を収めた。

予選ラウンドを突破し、マッチプレーで争われる決勝トーナメントの1回戦で、当時、もっとも注目を集めていた学生の薗田峻輔さんを破ったことが関係者の目にとまり、ナショナルチーム、いわゆるアマチュアの日本代表候補に選ばれた。

そして、8月に栃木県の那須野ヶ原カントリークラブで行われた全国高等学校ゴルフ選手権で優勝し、高校日本一のタイトルを手にした。10月にはナショナルチームの一員として、アイゼンハワートロフィー世界アマチュアゴルフチーム選手権に団体戦のメンバーとして出場した。

しかし、日の丸を背負って初めてアジアを飛び出し、海外のトップアマ選手とぶつかったこの経験は、とにかく苦かった。

オーストラリアで行われた試合。会場のロイヤルアデレードゴルフクラブで練習を始めた瞬間に、「太刀打《たちう》ちできない」と悟った。

海風が吹く、いわゆるリンクスコースは人生で初体験。ボールが果てしなく転がり、ショットの距離感がまったくつかめない。

「18ホールで『75』でまわれれば自分では１００点だ」と感じた。結果は4ラウンドで「75」「75」「83」「84」と惨憺《さんたん》たるもの。19位タイに終わったチームジャパンにまったく貢献できないまま、個人では１３７位タイという成績だった。

「全力でプレーした」と神に誓って言える。けれど、世界の壁はあまりにも高く、分厚かった。そもそも「75で１００点」なんて思っている時点で通用するわけがない。責任を感じた。

「俺を選んだほうが悪い」

内心では、そうムキになって開き直ったが、頭から悔しさを消し去ることはできなかった。

聞けば、上位ではヨーロッパとアメリカの選手たちが、ハイレベルな争いを繰り広げていたという。個人戦で優勝したのは、アメリカのリッキー・ファウラーという選手だったが、その名前が当時、僕の記憶に刻まれることはなかった。

世界アマチュアチーム選手権から2週後、僕は憧れだったプロゴルフツアーの大会に初めて出場した。

兵庫県のABCゴルフ倶楽部で開催された日本男子ツアー、マイナビABCチャンピオンシップに、主催者から推薦をいただいて計90人のフィールドに加わることができた。

開幕前の練習ラウンドで、僕は遼と再会した。

その年、プロ1年目で躍進していた彼と、僕たち高校生以下のアマチュア選手が一緒に試合前のコースをまわるという機会を、大会運営サイドがつくってくれていた。

昔の話はしなかった。おそらく遼は、前年にアマチュア優勝を飾ってからの1年数カ月が、あまりに激動すぎて、僕のことなど覚えているとも思わなかった。それに実績が違うとはいえ、目の前のプロが同級生だと考えると、やりきれない思いもあった。

試合に入ると、僕は初日スタートホールでバーディー、4ホール目でもバーディーを取り、その時点でトップに立った。

72ホールのうちの最初の数ホールだけだが、自分の名前がてっぺんにあるスコアボードを写真に収めたい気持ちだった。

「このままいったら優勝しちゃうかも」

淡い期待も湧いた。ところが、そう甘くはない。トップにいたのはまさに一瞬で、結局、２日目を終えて予選カットラインに１打足りず予選落ちした。週末の決勝ラウンドの様子は明徳義塾高校の寮のテレビで眺めた。

勝ったのは遼だった。プロになってから初めての優勝だった。最終ホールで勝負を決めたグリーン手前の池からのウォーターショットにも、

「すごい。あんなの真似できない」

と、また力の差を思い知らされた。一歩踏み出すたびに悔しい経験が増えていく。ただ、その反面、初めてプロゴルフトーナメントの雰囲気を味わい、「テレビの中の人だった、どこか遠い世界にいる石川遼」を間近に見たことで、

「僕はどうしたらあそこで、プロツアーで勝てるようになるだろう」

と、より真剣に考えはじめるきっかけになったのは事実だった。そして、

「もっともっと練習をしないといけない」

と、いっそう身が引き締まる思いがした。

予選落ちをしたあの日に、忘れられないシーンがある。

試合中、自分の組のあとを追ってプレーを見てくれていたのは、愛媛から駆けつけ

た父と、数少ない知人だけだった。一方、僕の前の組でまわっていた遼の周りは、たくさんのお客さんであふれかえっていた。

2日目の14番ホール、僕は第1打を右サイドに大きく曲げ、2打目はグリーンが見えないような打ち上げのショットを余儀なくされた。

構えに入ろうとしたが、僕に気づくことなく、遼を追って15番ホールで我先にと歩くギャラリーが気になった。

すると、その様子を察知した遼は、とっさに手を上げて、

「止まってください」

と人々の動きを制してくれた。立ち止まったギャラリーの視線が一気に僕に集まった。アイアンで放った一打はグリーンをとらえ、スーパーショットになった。

「あんなところから、のせたのか！」

「すごいな！」

その場が大きな拍手に包まれた。あれほどの大歓声を浴びたのは、人生で初めての経験だった。

セレンディピティの船に乗る

高校3年生になり、具体的な進路を決める時期に差しかかった。

この頃には、将来はプロゴルファーになりたいという気持ちが次第に強くなっていった。ただし、卒業後、プロゴルファーとして生活するためには、まず日本でツアーの予選会（QT＝クォリファイングトーナメント）に出場し、通過する必要があった。

夏場に始まるファーストQTから、セカンドQT、サードQTと進み、12月のファイナルQTで上位に入ると、翌年の日本のレギュラーツアー（もっともレベルの高いツアー）にプロとして出場できる。

毎年QTには外国人も含めて、約1500人ものゴルファーが挑戦する。段階を経て、ふるいにかけられ、ファイナルQTには、そのシーズンの成績が振るわずに翌年のシード権を落としたプロ選手たちも生き残りをかけて参加する。このファイナルQTで上位20位前後に入ってようやく、翌年の10数試合の出場権を得られるのだ。

高校時代の僕は、好不調の波が激しい選手だった。

「はたしてプロの世界でやっていけるのだろうか」

そんな不安がつきまとっていた。実力もさることながら、気になっていたのはお金のことだ。QTはステージを上がるたびに出場エントリーフィーがかかり、ファイナルまで勝ち抜くと数十万円の出費になる。加えて、QTの会場への遠征費も毎回必要になる。仮にとんとん拍子にQTを通過してツアーに出場できることになっても、賞金を稼いで生活できる保証はいっさいない。

家庭のことが頭に浮かんだ。アルバイトができるわけでもないから、資金の捻出は両親に頼るほかない。寮生活を送らせてもらっているうえに、家計にさらに負担をかけることになる。

父が仕事で苦労してくれたことも、頑張ってくれる母の姿も僕は見てきた。大学進学を考えていたであろう姉は、高校卒業後、ゴルフ場でキャディーとして働いてくれてもいた。

僕がゴルフを続けることで、あらゆるスポーツのなかでも、もっともリスクが高いといわれるプロゴルフの世界を目指すことで、家族に今以上に苦労をかけていいのか。答えをなかなか出せなかった。

近い将来の道を決めかねていたその年の7月、前年ベスト16に入った日本アマチュア選手権で、予選ラウンド敗退を喫してしまった。

福岡県の若松ゴルフ倶楽部で初日、「71」とまずまずのスタートを切ったが、2日目に「75」をたたいた。調子は特別良くも悪くもなかったが、1年前の結果もあって慢心と油断があったかもしれない。

「やっぱり、プロになるのは無理なのかな」

そう自信が萎《しぼ》んでいたとき、僕の目の前に別の道が開けたのだった。

日本アマチュア選手権を終え、実家に帰った僕は、のちに恩師となる人物と向き合っていた。愛媛まで出向いてくれたのは、東北福祉大学ゴルフ部の阿部靖彦監督だった。

宮城県仙台市を拠点にする東北福祉大学のゴルフ部は、星野英正さん、谷原秀人さん、宮里優作さん、池田勇太さんといった、日本を代表するトッププロを輩出した強豪だ。

実は、ベスト16に入った高校2年時の日本アマチュア選手権の決勝トーナメント2回戦で、僕が敗れた相手が、当時、東北福祉大学の1年生、藤本佳則さんだった。

そのときのマッチプレーでは僕が序盤5ホールで4アップと大量リードしながら、中盤にひっくり返されたこともあり、藤本さんの名前がずっと頭にあった。

当時、ほかの大学からのオファーもなかった僕に、進学の話は魅力的に思えた。そして、阿部監督の言葉に胸を打たれた。

「うちの大学で、一からやってみないか。体も、ゴルフも。一からつくれば卒業後は日本のトップクラスでプレーできる。いずれはアメリカにも行けるかもしれない」

8月、埼玉県の霞ヶ関カンツリー倶楽部、東コースで開催された日本ジュニアゴルフ選手権（男子15歳〜17歳の部）で、2位の選手に4打差をつけて優勝した。

その最終日の夜、僕は東北福祉大学ゴルフ部の関係者が運転する車で埼玉から宮城に向かった。夜の東北道は暗く、頭の中をその日のプレーの反省ばかりが駆け巡っていた。

仙台駅の北西に位置する大学の寮に泊まらせてもらい、翌朝、キャンパスやゴルフ部の施設を見学した。パッティングやアプローチができる練習場にトレーニングジム。4年間、それらを自由に使えると思うと自然と心が踊った。

大学にお世話になりながら、いつかプロゴルファーとして成功するために、じっくりと力を蓄える決心がついた。

遼が18歳にして日本ツアー最年少で賞金王になった2009年のことだった。

第4章

杜の都での研鑽

与えられた時間をどう使うか

杜《もり》の都、仙台。市街地から車で20分ほど北西に進んだ国見ケ丘という高台に、東北福祉大学ゴルフ部の練習拠点はある。

冬になれば雪が舞い、凍てつく寒さが身を包む。生まれ育った温暖な愛媛、中高生時代を過ごした高知を離れ、僕は宮城に移り住んだ。

入学する直前の春休み、新1年生はゴルフ部のオーストラリア合宿に参加した。ナショナルチームのグアムキャンプのあとに合流した僕は、そのレベルの高さに驚くばかりだった。

卒業後にプロゴルファーになった藤本佳則さんや塩見好輝さん、富村真治さんといった中高時代に試合で一緒になった選手はもちろん、初対面の先輩にもうまい選手が何人もいると感じた。

誰でもステージを上がるタイミングで、周りのレベルとの差に衝撃を受けることがあるだろう。小学校から中学校、中学校から高校、アマチュアからプロ、日本からアメリカ。僕にもそれぞれにあったが、大学に入ったときほど、直前のステージとのレベルの差を感じたことはなかった。

ただし、練習でうまいことと、試合でいい結果を出すのとは別物だという確信も頭にはあった。僕が目指したのは、もちろん後者だった。

明徳義塾高校時代に続いての寮生活で、ゴルファーとしてどう成長するかは、経験上、限られた時間の使い方次第だと考えていた。

しかし、起床から授業、部活、三度の食事やお風呂の時間に就寝時刻と、あらゆる決まりがあった中高の団体生活とは違い、大学では多くの時間が自由になった。〝縛られている〟ことから解き放たれたような気持ちもあった一方で、自分の行動への責任が重くのしかかる。練習の量も質も、そこから得られるものすべてが自分次第だろうと想像できた。

寮の近くにある練習施設は、パッティングとアプローチ練習のためのグリーンとプレハブ小屋のトレーニングジムだった。東北福祉大学のゴルフ部は全国から有望な選手が多く集う名門だが、所有する専用施設はざっとそんなところだ。

ドライビングレンジは部が提携する近隣の打ちっ放しの練習場を使わせてもらい、ゴルフ場は大学から車で約25分かけて行く泉国際ゴルフ倶楽部が部員を受け入れてくれていた。

ちなみに、アメリカのＮＣＡＡ（全米大学体育協会）に参加する大学ゴルフ部の強豪チームなどは、各大学が所有する広大なゴルフ場をホームコースとするケースが多い。日本の学生ゴルファーが置かれる環境は、やはり本場とは比べものにならない。

大学の授業が終わる時間になると、ゴルフ部員はそれぞれジムでのトレーニングやパッティング、アプローチの自主練習に励む。

先輩、後輩は関係なく、仲の良いメンバーが集まったところで、一緒に泉国際ゴルフ倶楽部や打ちっ放しの練習場に向かった。僕は自分用の自動車を持っていなかったので、いつも仲間に頼って相乗りをさせてもらっていた。自由に行動できる部員を羨ましく思いつつ、たくさんの仲間に迷惑をかけた。

僕らの在学中、毎日のように通ったドライビングレンジは、東北福祉大学OBでプロゴルファーの岩田寛さんの父、光男さんが経営している練習場だった。1日300円で打ち放題。僕はひとたび打ちはじめると、400~500球のショットを放つ日がほとんどだった。

練習時間が1日2時間程度に限られていた中高時代の集団生活とは違い、大学での過ごし方はその多くが個人に任されている。

毎朝、ジムで筋力トレーニングをするのが僕の日課で、ドライビングレンジから帰って夕方にもう一度、パッティング、アプローチの練習に取り組むことも多かった。

そのあと、街に出てボウリングをしながら夜まで騒いだこともあったが、翌朝にはジムにいた。スケジュールは自分で決める。与えられた時間をどう過ごすか、ということをいつも頭に置いていた。

仙台の冬は厳しい。腰や胸の高さまで雪が積もることも珍しくなく、そうなるとゴルフをするのは難しくなる。

でも、僕はそんな季節も好きだった。気温が低いほうが長い時間トレーニングに取り組めるし、冬場はゴルフ部の先輩、後輩と一緒になって汗を流すことも増えた。

自分が「負けたくない」と思う仲間と一緒にいるうちに、

「彼よりもこの部分では勝っているけれど、別の部分では負けている」

と自分の現在地を把握できるようで嬉しかった。強豪チームに所属して同世代のトップ選手たちと触れ合える環境にいたからこその経験だ。

フェアウェイとグリーン以外、すべて雪に覆われたゴルフ場でプレーしたこともあった。それ以上の積雪となるとクローズ、つまり営業ができなくなる。打ちっ放しの練習場も同じだ。だからそんな日は、市内のドライビングレンジを何軒もまわって開いているところを探した。

見渡すかぎり一面雪景色の日も年に何度かある。東北福祉大学のゴルフ部は近所の東北高校のゴルフ部（宮里藍さんらの出身高校）の部員とともに、普段からお世話になっている練習場で夜間に球拾いをしていたが、そんなときは雪かきから始まった。

まずは、部員が歩ける道を等間隔でつくり、手でボールを籠に入れて歩く。〝炭蒔《ま》き〟という昔からの知恵を知っているだろうか。真っ白な地面の上に蒔いた黒い炭が太陽の光を吸収して、まわりの雪を早く溶かしてくれる。ただ、これをやると身につけているものが真っ黒になるから、長靴と黒いジャージが欠かせない。

そういう日はもちろん、練習時間が削られる。満足にボールを打てなくなる。ただ、満足に打てない日に、何を考え、何に取り組むかを僕たちは求められた。プロになった今も、そういった制限された環境をただ嘆くばかりでなく、時間をかけずに順応することが必要とされる。高知での中高生時代、仙台での大学時代で学んだことは、プロゴルファーになった今だからこそ、その価値を大いに理解できる。

運命は不意に動き出す

大学に入学して早々、僕はゴルフ部の団体戦のレギュラーメンバーとしてプレーした。夏場に世界大学ゴルフ選手権、日本アマチュア選手権、日本学生選手権などに出場したがタイトルには手が届かず、あらためて大学ゴルフの高いレベルに納得し、新しい生活にも慣れてきたところだった。

運命が変わるきっかけは、毎日をそう忙しく過ごしていたときに不意に訪れた。

２０１０年10月、埼玉県の霞ヶ関カンツリー倶楽部の西コースで行われたアジアアマチュア選手権は、その前年に新設された、文字どおりアジアのトップアマチュアが集う大会だった。

優勝者には翌２０１１年の男子メジャー、夢のマスターズ本戦の出場権が与えられるという。ジョージア州のオーガスタ・ナショナル・ゴルフクラブが主催するマスターズは近年、注目選手を世界中から招待する方針を取っていた。アジアアマチュア選手権は、その一環として立ち上げられた大会ともいえた。

大会に出場した１１８人のうち、自国開催でのプレーとなった日本人は10人いた。

実は、大会のエントリーが始まった時点では、僕はウェイティング、いわゆる〝補欠〟の身分で、欠場者が出てようやく出場権が巡ってくるポジションにいた。

夏場になって運よくフィールドに滑り込むことができたが、当然、日本人選手のなかでは、もっとも期待の薄い存在だった。

その秋は調子を落としていたこともあり、僕自身も優勝はおろか上位進出を狙うといったビジョンすらもてなかった。

アジアアマチュア選手権の2週前、大学生になって初めて出場したプロツアーの大会、パナソニックオープンでは、初日「73」、2日目「77」とアンダーパーをマークできないまま予選落ちした。パッティングの状態が整わず、会場となった兵庫県の六甲国際ゴルフ倶楽部を早々に去ることになった。

仙台に帰ったあとも気落ちしたままずごしていた。練習に身が入らず、空き時間は仲間とボウリングばかりしていた。藤本佳則さんと一緒に埼玉に向かう前、阿部監督にキャンパスに呼ばれたときも、

「勝ったらマスターズに出られるが、まあ、そのあとにある『日本オープン』の練習のつもりで行ってこい」

と声をかけられたほどだ。

「勝てば、出られる」

そう言われても、子どもの頃から知っているマスターズなんて、現実のものとは捉えられない。テレビ画面の向こう側、遠い世界の話だと決め込んでいた。

霞ヶ関カンツリー倶楽部西コースでのプレーは、日本ジュニア選手権で3位に入った高校2年の夏以来だった。

コースに着くと不思議とパッティングの調子が上がってきたが、リラックスムード

は変わらなかった。練習の合間には、ゴルフクラブの調整をするための大型車両、住友ゴム工業（ダンロップ）のツアーバンにあった野球ボールとグローブを借りて、藤本さんとキャッチボールをして暇をつぶしていた。

ところが、試合が始まると突然、それぞれの一打が嚙み合い、歯車が回りだした。4日間72ホールで争われる初日を終えて首位に1打差の2位。あれよあれよと好スコアを並べて、雨が降った3日目を終えると、単独トップに立っていた。

ただし、最終日の朝もマスターズの文字は頭になかった。

それどころか、スタート時刻を少し間違えていた。ドライビングレンジでショットの練習を終えると、いつもより周りに人が少ないことに気づきハッとした。誰かに、

「あと10分しかないぞ」

と言われて、あわててパッティンググリーンでボールを10球ほど転がしただけで、ティーインググラウンドに立った。

それでいてグリーンでのプレーは好調が続いていた。物事がうまくいっているときは、ちょっとしたアクシデントも跳ね返すことができる。

バックナインをプレーしていたとき、2位の選手と4打差がついたのをスコアボードで確認した。

「優勝できる！」

競技で久々に勝てると思えたことがなによりも嬉しかった。

通算15アンダー。後続には5ストロークの差。黄金色に輝くトロフィーを手にして、圧勝の充実感に浸っていた。

けれど、付与されたマスターズへの出場権については、記念撮影のときに大会の黄色いフラッグを手渡されても、感情が今一つ湧いてこなかった。インタビューで「オーガスタ」のフレーズが出るたびに、僕は、

「実感がないです」

と答えた。まぎれもない本心だった。

毎年、愛媛の実家で父が録画していたマスターズの舞台に、自分が立っていることが想像できない。

その翌週、日本オープンに出場して、プロである石川遼と試合で初めて同じ組でまわり、僕は3位に入った。

「来年の4月には、今度は一緒にマスターズに出る？　俺が？」

頭の中のオーガスタとの距離は、一向に縮まる気配がなかった。

被災地からのエール

その年の終わり、愛媛の実家に帰っていた僕のもとに、一通の手紙が届いた。宛先が英語で書かれている封筒を受け取るのは珍しい。中には白い紙が入っていた。

マスターズへの招待状だった。

大会を主催するオーガスタ・ナショナル・ゴルフクラブは毎年、出場選手宛にこのレターを送る。アメリカから仙台の東北福祉大学に届いたものを転送してもらい、家族や知人の前で開けた。ようやく出場資格を手にした実感が湧いてきた。

２０１１年、年明け早々にハワイに飛んだ。マスターズの前にアメリカのプロゴルフツアーを経験するべく、オアフ島でのソニーオープン・イン・ハワイに出場するためだ。

世界トップレベルの選手が集うＰＧＡツアーは年間45試合前後の大会が行われる。その一つであるソニーオープンの前身は、１９８３年に青木功さんが日本人として初めてＰＧＡツアーで優勝したハワイアンオープンという。アマチュアの僕は大会の主催者から推薦をいただいて出場することができた。

会場のワイアラエカントリークラブに到着すると、とにかくキョロキョロが止まらなくなった。テレビで観たことがある選手と次々にすれ違う。

試合開始の3日前の練習では、今田竜二さんと一緒にコースをまわらせてもらった。今田さんは、2008年のAT&Tクラシックで、青木功さん、丸山茂樹さんに続いて日本人3人目のPGAツアー優勝者になったプロゴルファーだ。

ほとんどの日本人選手が国内ツアーを経てアメリカに挑戦するのに対し、今田さんは中学生のときに単身で海を渡り、アメリカの大学を経て現地でプロ転向して、PGAツアーで活躍していた。

ハワイで感じたのは、ゴルフ場をつくる芝の種類や地面の硬さが日本のコースとはまったく違うということだった。

いつもと同じようにショットをしていると、ボールの飛び方が安定しない。グリーン周りからウェッジでピンに寄せるテクニックがずば抜けていた今田さんに、アプローチを教わった。フェースを目いっぱい開いて打つショットは最初のうちは怖かったが、試合では〝ダメモト〟でトライした。

結果は初日から出遅れてしまい予選落ち。それでも難しいコースでプレーしていれば、きっとうまくなれる。自分もいつかPGAツアーの選手としてプレーしてみたいと強く思った。アメリカには、自分が知らないもっと大きなゴルフの世界が広がっている。

春のマスターズでも、きっと知らない世界を体感できる。

しかし、そんな期待に満ちた思いは弾け飛ぶことになった。

あの日を誰が忘れることができるだろうか。

2011年3月11日。僕はオーストラリア・ゴールドコーストにいた。


大学1年生の終わり、春のナショナルチームのキャンプを終えた僕は、毎年恒例の東北福祉大学ゴルフ部の合宿に2日ほど遅れて合流した。

クイーンズランド州ブリスベンの南、ロイヤルパインズリゾートのゴルフ場。1カ月後に迫ったマスターズへの想いは、年始から次第に大きくなり、その頃は頭でオーガスタ・ナショナル・ゴルフクラブの各ホールを思い描きながら練習を重ねていた。調子も上向きで、コンディション調整もうまくいっている実感があった。


日本と1時間の時差があるオーストラリアの東海岸は、ちょうど夕方に差しかかっていた。練習を終えて宿泊ホテルに戻り、夕食の時間になった。合宿中の食事は近所から日本式の弁当が仕出しされていた。

現地の午後6時頃、いつものように僕たちは同部屋の仲間と3人で食卓を囲もうと、テレビのスイッチを入れた。

目を疑うような映像が視界に飛び込んできた。

アナウンサーが話す英語は多くを理解できなかったが、その様子は把握できた。

世界のどこかで大地震が発生し、押し寄せる大津波が海辺の町を襲っている。建物や車が波に飲まれるシーンは、まるでたちの悪い映画を観ているようだった。


画面の字幕に「SENDAI　JAPAN」とあった。

何だ、これは？　いったい何が起こっているんだ。

言葉を失った僕たち3人は、弁当に箸をつけることができなかった。


日本時間午後2時46分。東北地方太平洋沖地震は、観測史上最大規模のマグニチュード9・0で、宮城県内では最大震度7を記録した。

翌朝も合宿のメニューを予定どおりこなしたが、ゴルフ部員の心はそこになかった。

阿部監督が急遽、日本に帰国することになった。チームを離れる直前、部員を集めて、

「お前たちは今ここで、この合宿に全力で取り組みなさい」

と神妙な顔つきで話し、機上の人になった。

僕はその直前、朝の練習ラウンドで監督と一緒にプレーをしていた。監督は僕には

っきりと言った。

「マスターズに出られるかわからない。俺はオーガスタに行く気でいるけれど、そうできるかはわからない」

僕もそう思った。当然のことだ。しかたない。

もちろん、マスターズに出てみたい。でも、東北が、日本が大変なときに、そうたやすく考えられる状況でないことは明らかだった。

なにせ、オーストラリアから日本に帰れるかすらわからない。僕はアマチュアゴルファーだから、お金を稼いで被災地の支援ができるわけではないし、誰かのサポートなしでアメリカに飛ぶこともできない。自分の「行きたい」気持ちを優先できるはずがなかった。


3月20日、僕たち東北福祉大学のゴルフ部員は帰国した。

当面のあいだ、部としての活動は休止となった。東京の空港についてから、部員はそれぞれの実家に帰るか、寮に戻るかを選択した。

僕は仙台に向かうことにした。地震発生後、福島第一原子力発電所で事故が発生して日本中が混乱し、マスターズは辞退するものと考えるようになっていた。出場できる可能性は、残っていても5パーセントくらいだろうと覚悟がついていた。

空港からは、被災地への救援物資を積んだバスに乗せてもらった。

車は宮城県に入り、明け方の4時頃、大学の施設であるセミナーハウスに到着。避難所になっていたそこで、ひと晩を過ごした。

横になっても震度3、4程度の余震が何回もあった。

体がずっと揺れている感覚だった。オーストラリアにいて経験しなかった本震を想像すると、恐怖心はいっそう増した。

「震度7の地震が、また起きるかもしれない」

次々に思い浮かぶ不安と向き合い、頭の中のエネルギーが空《から》になって、ようやく眠りに落ちた。

日中の市街地は、僕の知っている仙台ではなかった。

道路が崩れ、コンビニエンスストアには商品がなく、その日からは、しばらく三食すべてがカップラーメンだった。交通手段が減り、寮から車で実家に帰る部員もいたが、ガソリンスタンドはどこも長蛇の列で、閉まっているところも多かった。燃料をシェアするため、ガソリンが残っている車の給油口にポンプを突っ込んで協力し合う仲間もいた。

寮に帰ると、外壁などに損傷はなく、建物は無事だった。しかし、僕の部屋の扉は開かなかった。引き戸の向こう側で、地震によって散乱した室内の何かがつっかえになってロックされていた。無理やりこじ開けると、バキッと音がした。

つっかえになっていたのは、スペアのアイアンだった。スチールのシャフトが折れていた。

数日後、練習できる状態になく、相変わらずセミナーハウスで生活を送っていた僕は阿部監督に呼ばれた。

「これを見てみろ」

手渡されたのは、厚さにして5、6センチはあろうかという紙の束だった。

メールをプリントアウトした紙とファックスには、名前も顔も知らないたくさんの人からのメッセージが記されていた。

躊躇していた、いやあきらめていたマスターズへの出場を促すもので、大学に寄せられたものだった。

〈夢のマスターズ。ぜひ出場して頑張ってきてください〉

〈こんなときだからこそ、あなたの活躍が励みになります〉

〈東北の代表として、みんなに勇気を与えてほしい〉

そのすべてに目を通した。

東日本大震災は、全国で1万5000人以上の尊い命を奪い、10年経った今も、約2500人以上の方の行方がわからないままだ。

僕にメッセージを送ってくれた方は、ひょっとしたら、目の前で愛する人を失ったかもしれない。帰らぬ人を待っているかもしれない。家も仕事も、生きる希望すら一瞬のうちに奪われたかもしれない。

それでも、今を生きている僕を、大好きなゴルフができる僕を、

「頑張れ」

「行ってこい」

と励ましてくれる。日本中が余裕を失っていたなかで、そう言ってくれる人がこれだけいることが、どれほどすごいことか。

「行こう」

阿部監督は、そう言った。東北のため、日本のために僕がゴルフで何ができるのかは、正直わからなかった。でも、背中を押してくれた人々の声援と期待に応えるために、全力を尽くそうと思った。

3月24日の深夜、僕は羽田からアメリカに飛んだ。ゴルフウェアとメッセージの束をスーツケースに詰め込んで。

第5章　プロへの階段

明確な目標を設定する

２０１１年4月、初めて出場したマスターズでローアマチュアに輝いた僕は、オーガスタの夕日に包まれた表彰式に出席した。

シルバーカップを手にしながら、隣で南アフリカのシャール・シュワルツェルがグリーンジャケットに袖を通す様子を横目で見ていた。手を伸ばせば触れるほど近くにいたけれど、とてもではないがそうできなかった。

大会のグッズなどのお土産を買うような時間もお金もなく、あわただしく日本に戻ってからは、東日本大震災の被災地で、牛乳配達のボランティア活動をした。

華やかで夢のようなオーガスタでの日々を終え、一人の学生アマチュアの生活に戻った僕は、どうすればまたマスターズでプレーできるだろうかということを、常に念頭に置くようになった。

マスターズでいつか優勝できるとは考えられなかったが、これから頑張れば、いずれ最高峰のメジャートーナメントでも自分の力が通用するかもしれないと思えた。

怖いもの知らずのまま、無我夢中でプレーしたとはいえ、世界中のトッププロが本気で争うマスターズで予選を通過し、４日間を戦い抜いたことは、一つの自信になっていた。

オーガスタに戻る最短ルートとして考えたのは、初出場した今回と同じ道をたどることだ。秋のアジアアマチュア選手権でもう一度優勝し、来春のマスターズの出場権をつかめばいい。

一方で、オーガスタでの最終日に体力が著しく消耗し、サンデーバックナインでは思うようにスイングができなくなった事実も忘れてはいなかった。

もっと、もっと強くならなくてはいけない。

そして、いつかプロゴルファーになるときの準備を整えようと気持ちをあらたにした。


8月に中国で行われたユニバーシアード競技大会に、日本代表メンバーとして出場し、個人と団体で金メダルを獲得できた。帰国してすぐの三重県のスリーレイクスカントリークラブで行われた日本学生選手権でも優勝した。どちらの大会も藤本佳則さんと1打を争った結果、つかんだタイトルだった。

当時、大学4年生でプロ入り前の先輩を破ったことには複雑な気持ちもあったが、入学前から目標の存在だった藤本さんに「勝ちたい」という思いは、自分を強くしてくれる大きなモチベーションの一つだった。

高校卒業後に中途半端なかたちでプロゴルファーになるのではなく、東北福祉大学に入学してよかったと思えるのはそんなときだ。

日々の部活で日本のトップクラスの選手と切磋琢磨できる。アマチュア選手にとっては緊張だらけのプロツアーの大会に出場したときも、年の離れたOBに「東北福祉大です」と挨拶をすれば、練習ラウンドや食事の輪に入れてもらえることもある。試合にスムーズに臨めるのは本当にありがたかった。とくに人見知りの僕としては。

初めてのマスターズでは一緒に出場した池田勇太さんにお世話になった。勇太さんは僕が大学に入学した頃には、遼とともに日本ツアーを最前線でリードする若手プロだった。

オーガスタに入る直前にロサンゼルスで練習をともにし、アトランタでは勇太さんが契約するクラブメーカーのテストセンターにも同行させてもらった。

僕が今、クラブやボール、ゴルフに関する身のまわりのあらゆる用具を細かくチェックするようになったのは、このときの経験も大きかったと思う。メーカーの担当者と、納得いくまでクラブの調整をする勇太さんの姿を間近で見て、自分にはやるべきことがたくさんあると感じられた。

大学で先輩、後輩と競いながら腕を磨く日々が続いた。

自由に使える時間をどう使うかという命題は変わらないが、目の前の目標がより明確になったことが、１年生の頃とは明らかに違った。

９月末。１年ぶりのアジアアマチュア選手権。シンガポールの会場で僕は目標どおり優勝し、大会２連覇を遂げた。

出場した１２０人の選手のなかでも、ディフェンディングチャンピオンということで、前年よりも間違いなく重いプレッシャーがのしかかっていた。

最終日を首位に１打差の２位で迎え、１番ホールでバーディーを決めてから、前半のうちに逆転しトップに立った。後半の９ホールでは緊張感で足が震える感覚もあった。追い上げてきた韓国の選手を１打差でかわし、来年もう一度マスターズに挑戦する権利を手に入れた。

しばらく実感が湧かなかった１年前の心境とはまったく違う。この数カ月でスイングを研究し、アメリカのコースで、オーガスタで使えるようなウェッジもテストしてシンガポールに乗り込んできた。

夢の舞台での経験を力に変えて、重圧を背負いながらも望んだ結果を出せたことには、大きな手応えがあった。

プロより強いアマを目指して

アジアアマチュア選手権で2連覇に成功した秋は、日本のプロツアーにも数多く推薦出場させてもらった。

夏場のサン・クロレラクラシックで6位に入り、プロゴルファーに混じってプレーする雰囲気にも慣れてきたところだった。

11月中旬、静岡県の太平洋クラブ御殿場コースの朝は寒く、吐く息が白くなる。顔を上げると、雪をいただく、冬支度を始めた富士山が見えた。

三井住友VISA太平洋マスターズは、日本男子ツアーの歴史あるトーナメントの一つで、招待出場する海外の選手も歴代優勝者に名を連ねる大会だ。

2011年大会の一番の注目選手は、4月にマスターズで優勝したシャール・シュワルツェルだった。前回のオーガスタの表彰式で、隣にいたグリーンジャケット姿のチャンピオンだ。

予選ラウンドの組み合わせで、マスターズチャンピオンのシュワルツェルとローアマチュアの僕、そして勇太さんが同じ組になった。

木曜日に試合が始まると、僕のドライバーショットが多くのホールでシュワルツェルよりも遠くに飛んだことに小さな自信が生まれた。

初日の18ホールのスコアは相手の5アンダー「67」に対して、僕は1アンダー「71」で負けたにもかかわらず、少なくとも日本の環境では、

「マスターズチャンピオンより飛ぶじゃないか」

と胸が躍った。実は、試合前の練習で東北福祉大学の別の先輩にアドバイスをもらっていた。谷原秀人さんは僕より1まわり以上年上のOBで、20代の頃にPGAツアーにも挑戦したトップ選手だった。

一緒にまわった事前ラウンドの最中だった。ショットについて話が及ぶと、谷原さんは当時、世界ランキング1位選手で、欧米で活躍するイングランドのルーク・ドナルドのスイングについてレクチャーしてくれた。そこで、見よう見まねで取り入れてみたところ、初日のプレー後の練習場で会った谷原さんに、

「もう、できてんのか」

と驚かれ、少し嬉しくなった。

26位で迎えるはずだった大会2日目の18ホールは大雨で中止となり、試合は予定されていた72ホールから54ホールに短縮された競技で争われることになった。

1日持ち越された第2ラウンド。僕は出場していた84人のうちベストスコアとなる「64」をマークし、「70」だったシュワルツェルも追い抜いて首位に2打差の2位に順

位を上げた。

アイアンショットが好調で、ピンの根元を思い切って狙い続けることができた。

当時の18ホールの自己ベストスコアに1打及ばなかったのは残念だったが、1日だけでもマスターズチャンピオンに勝てたことが誇らしかった。

プロの試合はこうだと本当に気持ちがいい。自分が大好きなゴルフで競い合う姿を、大勢のギャラリーに見てもらえる。胸のすく思いがした。

あらためてリーダーボードを眺めると、目の前には大きなチャンスも近づいていた。

プロツアーのトーナメントで、勝てる可能性がある。

4年前の2007年5月、高校1年生だった遼が達成した、アマチュア選手による日本ツアー優勝だ。そんな状況にあっても、僕は冷静だった。


「最終日最終組」というフレーズは心地よさと緊張感が入り混じる。数日間にわたるゴルフの試合の決勝ラウンドは前日までの成績順で組み合わせが決まり、トッププロの試合は1組三人か二人で一緒にまわる。通常はスコアの悪い選手たちの組から順番にスタートするため、前日の上位三人、あるいは、二人が最後のグループ＝最終組に入る。その時点でもっとも優勝に近い選手たちということだ。

プロの試合で最後の18ホールを最終組でプレーするのは初めての経験だった。

２連覇したアジアアマチュア選手権と同じ、白いポロシャツを黄色いパンツに合わせてスタートした。前半はイーグルあり、バーディーあり、ボギーありと、僕のスコアカードはあわただしかった。

前日と同じ２位で最後の９ホールに入り、13番で２・５メートルのパーパットを沈めてピンチを脱した。14番、15番と２連続バーディーを決めたところで単独トップに立ったことを把握した。アドレナリンも出て、緊張が高まっていくのが手に取るようにわかる。

16番からは２ホール続けてショットを大きく曲げるミスを犯してしまう。ただ、頭はクリアだった。17番のグリーン上で、ギャラリーの「カップと全然違うところにパットを打ったな」という声まではっきり聞こえるほどに。

後続とのリードは１打になって最終18番ホールを迎えた。パー５でのドライバーショットは狙いよりもわずかに右に飛び、ボールはフェアウエイの横、セミラフで僕を待っていた。

池の向こう、グリーンエッジまでの距離は１６５ヤード。そこから12ヤード奥にピンが立っている。１７７ヤードの残り距離をキャディーと一緒に10回くらい確認した。

背中から吹く風の後押しがあることを考えて、当時１６５ヤードのキャリー（ファーストバウンドまでの飛距離）が出る８番アイアンを握った。フルスイングをして、右から左に曲がっていくドローボールでピンを狙う。

スコアを伸ばさなくても、パーでも勝てる可能性がある状況だったが、池に入るリスクを顧みずに攻めた。イーグルか、バーディーで締めくくると心に決めていた。

完璧だった。鋭く飛び出したボールの軌道、なによりも両手に伝わる感触から池を越える確信があった。

ピンの横、1メートルで止まったショットに割れんばかりの大声援が沸き起こった。

勝負を決するシーンでのせっかくのイーグルだったから、ガッツポーズができればカッコ良かったけれど、ウィニングパットの距離が短く、そうもいかなかった。それでも、試合に勝つことはゴルファーとしてこのうえない喜びだ。同じ最終組でプレーした谷口徹さんからも、

「いつでもプロに来い」

と声をかけてもらい、認められたとも思えた。

試合後のセレモニーには遼と一緒に出席した。彼はこの日の17番ホールでホールインワンを達成して急遽、表彰式で並ぶことになった。進行の合間にその日のプレーについて話したりしたが、彼に「追いついた」というような実感はいっさいなかった。

本来は72ホールで決着するプロの試合が54ホールに短縮された一戦だ。僕自身は、

それからも大学でアマチュア選手としてプレーを続けることを一番に考えていた。

ただし、優勝でつかんだ権利はこのうえなく大きかった。

高校3年生のときに悩んだように、プロゴルファーという職業は、「プロになること」と「プロとして生活すること」では大きく違う。

それぞれの試合の最終順位に応じて賞金を受け取ることができるプロは、世界中どこのツアーであろうと、最初は予選会に参加するなどして、段階的にステップを踏んで出場資格をつかむ必要がある。

遼や僕がアマチュア優勝で手にしたのは、プロ転向を宣言すれば、この予選会に参加せずとも向こう2年間、日本ツアーのどの試合にも出場できるというシード権だった（もちろん、ほかのプロゴルファーが優勝しても同じシード権を得られる）。

大学2年生の秋に優勝した僕にとっては、「プロゴルファーになります」と宣言すれば大学4年生の冬（2013年の終わり）まで日本ツアーの出場が可能になったということだ。この三井住友ＶＩＳＡ太平洋マスターズにはアマチュアとして出場したため、優勝賞金の3000万円も、副賞のＢＭＷの自動車ももらえなかったが、職場を得るための試験を受ける必要がなくなった。

キャリアの選択肢が増えたことはなによりのご褒美だった。

オーガスタで流れた涙

2月に20歳になった2012年。

アマチュアとして学生の試合、前年優勝した日本ツアーの試合、そして、海外での試合と、立場と相手選手を変えながら忙しくプレーしていた。

国内ツアーの試合では、その年の冬までに6試合に推薦出場させてもらい、トップ10入りが4回、うち2位が2回と優勝争いに加わった。

一方で、海の向こうの試合ではプロ、アマの試合にかかわらず、悔しい経験ばかりを重ねた1年だった。

アジアアマチュア選手権の2連覇で、2年連続で出場したマスターズ。1年前に立てた誓いを守り、帰ってきたオーガスタ・ナショナル・ゴルフクラブで、僕は涙を流すことになった。前回大会の27位を上まわる成績、さらに翌年の出場権が得られる16位以内に入ることを一つの目標にしていた。目に映るものすべてに驚いたあのときとは違う。練習から地に足のついた調整ができ、初日を「71」でまとめ、1アンダー14位タイと好スタートを切った。

「74」とスコアを落とした2日目は、一人特別な緊張感と戦った。

決勝ラウンド進出をかけて当落線上でプレーをしながらギリギリのところでホールアウトしたと思っていたが、実は悠々と予選を通過できるポジションにいた。

当時のマスターズは、カットラインに36ホールを終えて「上位44位タイまで」という条件と、「首位の選手と10打差以内」という別のボーダーラインも設けていた。その年は上位が混戦で、僕の通算1オーバーという数字は「10打差以内」を十分に満たすものだったが、自分だけがそのルールを知らなかったのだ。

決勝ラウンド進出が決まって受けたインタビューのときに、

「去年もそうだったんですか？」

と報道陣に真剣に尋ねたら、思わず周囲に笑いがこぼれた。何はともあれ、２年続けて週末もプレーできる。

１年前と違ったのは、予選を通過したアマチュアが前回は僕だけだったのに対し、この年はほかに二人いたことだった。

ローアマチュアのタイトルを再び手にするためには、三人のなかで一番の成績を残さなくてはいけない。しかし、僕の目標はそれではなく、あくまで16位以内を確保することだった。

３日目を「72」で切り抜け、１オーバーの27位タイで迎えた最終日、１番ホールのグリーン上で強烈な違和感をもった。

1・5メートルのパーパット。微妙な距離だ。それがどうにも前日まで、いやさっきの練習までと同じようにスムーズにストロークできない。軽いスライスラインを外した。

「そりゃ、外れるよな」

スタートホールのボギーという数字上のつまずき以上におかしな感覚に包まれた。違和感の正体が何なのかがつかめず気分が悪い。一つのミスをきっかけに、ゲームが壊れていく。5番ホールでのダブルボギーなどを含め、前半9ホールのうちに6つスコアを落とした。

立て直したい、悪い流れを断ち切りたい。そう思っても原因がわからないでいた。パッティングへの不安がアプローチの不安につながり、ショットにも悪影響を及ぼす。負のスパイラルから抜け出せないまま「80」のスコア。通算9オーバーの54位タイに終わり、ローアマチュアのタイトルはアメリカのパトリック・カントレーにさらわれた。

最後のホールで喫した3パットのボギーが、自分を余計に失望させた。テレビのインタビューのあと、ペン記者の囲み取材になったとき、途中でこみ上げる思いを抑えきれなくなった。

「すみません」

そう言い残してクラブハウスに駆け込み、あふれでる涙を何度も拭いた。

何が原因だったか？　そう問われても答えがわからないから言葉にならない。原因がわかっていれば、立て直しの糸口はあったはずだ。

阿部監督に促されて涙を拭き、もう一度インタビューを受けた。

ローアマチュアを守れなかったという結果ではなく、違和感に打ち勝てなかったプレー内容、自分への不甲斐なさが悔しくて、悔しくてたまらなかった。

プロになり海を渡る決心

オーガスタ・ナショナル・ゴルフクラブで夢見心地のまま感動の渦に巻き込まれた1回目、大きな失意を抱えた2回目。どちらの経験を味わっても、マスターズを目指すという僕の態度はそれからも変わらなかった。

その年の夏場に世界アマチュアゴルフランキングで1位に到達し、8月に全米アマチュア選手権に出場した。世界最高峰のアマチュア競技で、いずれプロゴルファーになる若手有望株がうじゃうじゃいるフィールドだ。

そういったライバルたちと腕を競うことも目的だったが、もっとも魅力的だったのは、この大会に設けられている優勝者と準優勝者の選手に付与される翌年のマスターズの出場権だった。

秋には3連覇がかかるアジアパシフィックアマチュア選手権（2012年より改称）も控えていたから、オーガスタに行くチケット獲得のチャンスが2回ある。挑戦しない手はない。


全米アマチュア選手権が行われたアメリカのコロラド州のデンバーは、〝マイルハイシティ〟の愛称があり、市街地でも標高が1000メートルにも及ぶ。

ゴルフボールは気圧の関係で、標高が高ければ高いほどよく飛ぶ。ただ僕はそれが初体験で、細かい計算の準備ができないまま開幕を迎えた。

普段と違う、ボールの飛びもあったが、それ以上に僕を困らせたのが、グリーン周りに伸びる青々としたラフだった。

ひとことでゴルフ場の芝といっても、生息する地域や、コース内のエリアによって種類が違う。日本とアメリカ、アメリカ国内であっても各コースでそれぞれ異なり、少なくとも僕がそれまでに知っていた打ち方では、まったく対応することができなかった。

自分のやることなすことが通用しない。会場入りする前の調整ではショットもパッティングも好調だったのに。そのギャップの大きさに失望感が募った。

マスターズの出場権はおろか、ストロークプレーでの予選ラウンドを終え、上位64人によるマッチプレーで争われる決勝トーナメントにすら進むことすらできなかった。

この全米アマチュア選手権での苦い思い出は、拭《ぬぐ》い去るまでに時間がかかった。

帰国して数日後に出場した日本学生選手権は2位に6打差をつけ、前年に続いて優勝したが、傲慢な言い方をすれば、それはさほど自信にはつながらなかった。試合前から、「後続に何打差をつけられるか」とばかり考えていたのだから。

日本ではできる。でも、海外ではできない。それでいいのかという葛藤が、胸のなかに渦巻いていた。


11月、大一番のアジアパシフィックアマチュア選手権は、タイのアマタスプリングカントリークラブで開催された。

3年連続のマスターズ出場を目指した試合は、もう優勝以外は頭にない。プレッシャーに包まれながら初日を10位でスタートできたのは悪くなかったが、思うようにスコアを伸ばせないでいた。大事なところでパッティングが決まらない。タイの熱気に満ちた空を何度も見上げた。

グリーン上で何度もガッカリを繰り返して最終ラウンドを終えた。結果は4位だった。2位以下の成績は意味をなさない。負けだ。

コースの去り際、マスターズを主催するオーガスタ・ナショナル・ゴルフクラブの当時の会長だったビリー・ペイン氏と握手を交わした。1年半前の表彰式でローアマチュアのシルバーカップを渡してくれた人物だ。来年の春は、あの舞台に立てない。決心した。僕はプロゴルファーになる。

日本に帰り、学生とプロの試合をこなしたのちに、阿部監督に打ち明けた。

2011年の三井住友VISA太平洋マスターズで優勝して得たシード権が僕にはある。大学に籍を置いたままプロ転向宣言をして、翌2013年の春に開幕する日本男子ツアーに参戦する。

プロデビューを1カ月後に控えた3月、大学のオーストラリア合宿で部員全員に伝えた。毎朝順番に一人ひとりが、みんなの目の前で行うスピーチで決意表明した。

「僕はプロになります。アマチュアの試合には出られなくなり、選手としては貢献できないけれど、キャプテンとしてチームにプラスになるように頑張りたい。この合宿も意味のあるものにしたい」

仲間たちは拍手で祝福してくれた。

第6章　日本の頂点を目指して

根拠なき自信がもたらすもの

2013年の春、日本ツアーのシーズン初戦である東建ホームメイトカップの期間中、僕は試合が行われる三重県の東建多度カントリークラブ・名古屋の宿泊施設に寝泊まりしていた。

試合前日までの練習を終え、食事も一段落したあとのリビングルーム。

そばには、前年のアジアパシフィックアマチュア選手権で初めてキャディーをお願いした進藤大典さんがいた。

キャディーとして長年プロゴルフツアーで戦ってきた大典さんは、僕よりちょうどひとまわり年上だ。明徳義塾、東北福祉大学のゴルフ部の先輩にもあたり、かつては宮里優作さん、谷原秀人さん、片山晋呉さんら、日本のトップ選手を支えてきた。

僕はこの年に専属契約を結び、一緒にツアーで戦ってもらえることになった。もちろん、自分にとって未知の世界だから心強い。

けれど、初戦を控えたその場所で、強い覚悟を言葉にした。

「僕は1年で日本ツアーを卒業します。アメリカに行きたい。だから、そのためのサポートをお願いします」

２０１３年4月2日。僕はプロゴルファー転向を宣言し、日本の男子ツアーに飛び込んだ。

東北福祉大学の新4年生、ゴルフ部のキャプテンという立場のまま、アマチュアの世界に別れを告げた。

デビュー戦となった東建ホームメイトカップはその2週後のことだった。プロとしての試合実績が何一つないルーキーの言葉としては、「1年で卒業する」というのは鼻持ちならないものと捉えられてもしかたがない。

だが、当時、内心では不安以上の期待があった。

２０１１年にアマチュアにしてプロツアー、三井住友ＶＩＳＡ太平洋マスターズで優勝してからは、プロゴルフの試合でもローアマチュアへの興味は薄くなった。

むしろ、それは絶対に獲得しなくてはいけないもので、試合に出るからにはプロ、アマの立場など関係なく、優勝を目指すと考えるようになった。

アマチュア時代は賞金を得られないが、プロであればもらえるはずだった各大会での順位に応じた獲得賞金額を計算すると、年間の賞金ランキングでも上位を確保できそうだった。

「マスターズにもう一度行く」

そして、もう、〝行くだけ〟が目標ではなくなった。オーガスタ・ナショナル・ゴルフクラブで自分のプレーを最大限に表現したい。そのためには、もっとレベルの高い環境で力をつける必要がある。アメリカで、世界最高峰のＰＧＡツアーで日常的にプレーすることが最善だと考えた。

プロの世界に飛びこんだときに、すでに海の向こうの景色を描いていた僕が、より意識したのは「世界ランキング」だった。あらゆる国のツアーでプレーしている選手たちを各大会での成績に応じて順位づけするもので、毎週更新されている。

世界ランキングは、大きな試合の出場資格にも大きく関わっている。

目安になるのが、「世界ランキング50位」のラインで、この順位を確保していると4大メジャートーナメントの出場資格を手にすることがほぼ確実となり、シード権をもっていないさまざまな国のツアーからも出場オファーが届くようになったりする。

マスターズの、いくつかある出場資格にも「前年の最終週の世界ランキングで50位以内に入っている選手」というものがある。これが僕の一つのターゲットになった。

例年の傾向でいうと、日本ツアーでトップ級の活躍をすれば、年末の50位をキープできる可能性が高い。年間25試合前後の大会で1回も優勝できなくたっていい。毎試合2位に入り続ければ、その目標はクリアできると考えた。

それに、全試合で2位だったら賞金王にもなれると思った。賞金王には日本ツアーの向こう5年間のシード権という特典があった。日本の職場を確保したまま、外国のツアーに挑戦できる権利は魅力的だった。

開幕前に「1年で卒業する」と言ってのけた、日本ツアー初戦の東建ホームメイトカップは10位タイだった。強風でショットが左右に大きく曲がり、隣のホールから打つような場面もあったけれど、トップ10は守った。

ゴルフで初めて稼いだ〝初任給〟は314万6000円。大学4年生にしてみれば驚くような額だが、あまりピンとこなかった。

プロとはどのようなものなのか

あらためて思う。プロデビュー、ルーキーイヤーの2013年は、自分にとっても期待以上の出来だった。

それも「世界ランキング50位入り」、翌年のマスターズ出場という目標に向かって本気で邁進《まいしん》したからだろう。

技術がほかのプロより優れているとは思わなかったが、気持ちだけはとにかく強かったと断言できる。これぞ「根拠のない自信」だ。若さゆえのものかもしれないが、僕はときにそれも必要だと思っている。何も恐れず、「自分はできる」と信じ抜く力は逆境を跳ね返すことがある。

仙台の東北福祉大学の寮に暮らしながら始まったプロ生活。

ツアーの大会は毎週のように全国各地で行われるため、選手関係者はホテル暮らしを強いられる。毎週月曜日に試合会場に入り、翌週の月曜日にはまた別の会場に移る。目まぐるしい毎日がいよいよ始まった春には貴重な経験もした。単なる偶然、という言葉で片づけていいのだろうかと思うほどの出来事だ。

開幕戦の翌週、2戦目となる、つるやオープンでプロゴルファーとして記念すべき初優勝を飾った。会場の兵庫県の山の原ゴルフクラブ・山の原コースではショットの調子が悪く、パッティングでスコアメークするのに必死になりながら、最終日に4連続バーディーフィニッシュを決めて、逆転勝利を収めた。

その大会で初日、首位に立っていたのは当時66歳の尾崎将司さんだった。「ジャンボ」の愛称で親しまれる、日本のプロゴルフ界でナンバーワンのスーパースターだ。

ジャンボさんは第1ラウンドで「62」のスコアをたたきだした。この数字がいかにすごいことか。ゴルフでは年齢以下のスコアを18ホールで記録することを「エージシュート」と呼ぶ。年配のゴルファーの生涯の楽しみであり、一度はマークしてみたい夢の数字ともいえる。

50歳以上の選手で争うシニアツアーでは日本でもエージシュートの例があったが、ジャンボさんは、それをトップレベルのレギュラーツアーで達成した。アメリカでさえ、サム・スニードやアーノルド・パーマーといった伝説的なプレーヤーしか成し遂げていない、まさに快挙だ。

ジャンボさんは2日目以降にスコアを落とし、約1年半ぶりに4日間を戦い抜きながら大会を51位タイで終えた。あらゆるプロの試合で100勝以上もしてきたレジェンドだから、エージシュートへの達成感よりも、負けた悔しさのほうを何倍も感じられたかもしれない。

ただ、驚いたのはその試合後だった。

大会の特別表彰というかたちでセレモニーにわざわざ出席され、優勝した僕と笑顔で記念写真に収まってくださった。ジャンボさんの太い腕の重さを肩で感じながら、これがプロゴルファーなんだと心が揺れたシーンだった。

僕のプロ2勝目、アマチュア時代を含めると3勝目になった6月初めのダイヤモンドカップゴルフ。予選ラウンドで、僕はジャンボさんと初めて同じ組でプレーした。

そして、海沿いの難関コースとして知られる茨城県の大洗ゴルフ倶楽部での3日目を終えて、首位で並んでいたのは当時58歳の中嶋常幸さんだった。小学生のとき、父についていったプロアマ大会で目撃した、あの中嶋さんだ。

勝敗は最終日の後半に入るまでに1打リードした僕が結局、逃げ切った。17番をボギーにして、18番で2メートルのパーパットを沈めて安堵すると、中嶋さんは、

「外したらぶっ叩いてやろうと思ったぞ」

と笑って祝福してくれた。連続ボギーでの締めくくりはチャンピオンにふさわしくないという檄《げき》だった。

ジャンボさん、中嶋さん、そして青木功さんといった歴史に残るゴルファーと対面すると、30年、40年後の自分にあれほどの情熱が残っているだろうかと不安になる。少なくとも21歳だった当時は、

「無理だろうな。気持ちがきっと続かない」

と感じた。試合に出場するモチベーションがもたないだろうと。

プロゴルファー、プロアスリートとは、どのようなものなのだろうか。

僕はプロがファンを喜ばせることができるのは、まずは確固たる結果だと考えている。試合に勝つこと、好スコアをマークすることで喜んでくれる人がいる。

そのうえで、一つひとつのプレーで人を魅了するのが、プロとしての仕事だろう。ゴルフでいえば、観る人の想像の範疇《はんちゅう》を超えたショットやパットが大歓声を呼ぶ。AONはきっとそうだったはずであり、タイガー・ウッズはその象徴だ。林の中から木々の隙間を抜くリカバリーショットや、カップにとても寄りそうにないエリアからのアプローチやパット。

彼らはファンが望んだとおりのこと、人が想像する以上のことを起こしてきた。ゴルフのスーパープレーは、リスク覚悟の攻め方と隣り合わせでもある。僕は自分のことを、比較的トラブルを回避するよう、安全にコースを攻めるタイプだと考えているから、なかなかそういう場面に遭遇しないような気もする。だから、余計にスター選手の魅せるプレーには憧れるし、彼らから受けるインスピレーションは大きい。

魅了される海外のコース

日本ツアーでプロとしての道を順調に歩み出したその年、僕はシーズンの中盤に海外でメジャートーナメントに挑戦した。

その年の4月のマスターズは出られなかったが、6月に全米オープンに初めて出場した。その頃には、目標としていた世界ランキングで50位以内にも入ることができていて、自信はさらに深まっていた。

アメリカの〝ナショナルタイトル〟を争う全米オープンは、大会を主催する全米ゴルフ協会（USGA）が毎年、開催コースを極限まで難しく仕上げることで知られている。注目度、タイトルの重みでは、マスターズに勝るとも劣らない。

超一流選手たちがバーディーを連発するのではなく、パーをとりつづけることに主眼を置く我慢比べのようなゲームになる年が多い。終始、華やかなマスターズとは少し違う雰囲気になる。

2013年の会場は、ペンシルベニア州フィラデルフィアの郊外にあるメリオンゴルフクラブだった。

僕はそこでアメリカのコースセッティングの奥深さを痛感させられた。

18ホールの総距離は6996ヤード（パー70）。7000ヤードを切る数字は、近年の男子のメジャートーナメントでは極めて珍しい。

現在は7500ヤード前後の設定が一般的で、日本のツアーでも6000ヤード台のセッティングは「短い」と感じられる。

現地のメディアは試合前、「例年にないような好スコアでの争いになる」という論調だった。「優勝スコアは通算10アンダー」という見立てもあった。

しかし、僕にはとてもそう思えなかった。練習ラウンドを重ねるたびに、経験したことのないような〝モンスターコース〟だと感じていた。

たしかに、18ホールを合わせた数字は少ないが、それぞれのホールでメリハリがきいている。

たとえば、パー３のホールを見ると、３番ホールは２５６ヤードと長いが、13番ホールはたった１１５ヤードだった。パー４も５０４ヤードの５番ホールもあれば、１オンも狙えそうな３０３ヤードの10番もある。短いホールが簡単かといえばまったくその逆で、フェアウェイの幅が狭かったり、ラフが長かったり、グリーンの周りのバンカーの配置がとんでもなく難しかったりと、工夫を凝らした設計が施されていた。

ゴルフのおもしろさは、ショットごとに「どこにボールを置くべきか」「そのためにはどこを狙うべきか」と頭を働かせ、握るクラブや打つべきショットの種類を選び、挑戦することにある。一流選手であれば、打てるショットの種類が多く、精度が高いのはいうまでもない。

使うクラブがいつも同じようなホールが続いてばかりでは、トッププロがもつ技術を引き出せない。なにせ、プレーしている僕たちがおもしろくない。それで観る人がおもしろいはずがない。

だから、そんな全米オープンで初出場にして予選を通過できたこと、10位に入ったことには十分な手応えがあった。最終ラウンドでは大会のベストスコア「67」をマークできた。経験したことがないような深いラフが待ち構えて、どんなに難しいセッティングであっても、確実にフェアウェイをとらえて要所でパットを決めれば、メジャートーナメントであっても上位にいられる。

ちなみに、僕のスコアは4日間で通算7オーバー。優勝したイングランドのジャスティン・ローズのスコアは1オーバーだった。

誰だ、「10アンダー」なんて言ったのは!

満たされた気持ちのまま、僕は試合後にコース内の練習場に向かった。すでに撤収作業が始まっていたが、あたりに転がっていたボールをかき集めて、時間が許すかぎり打った。

恵まれた練習環境を手放すのが惜しくてしかたなかったからだ。

全米オープンに続き、7月にはイギリスでのメジャー、全英オープンに出場した。

1860年に始まった世界最古のゴルフトーナメントは、毎年イギリスの名門コースを会場にする。数々あるイギリスのコースのなかで、全英オープンは〝リンクスコース〟での開催が多い。海が近く、風が強いリンクスでは、アメリカや日本とはまったく違うプレースタイルが求められる。

一日に四季があるといわれるほど、天気が数時間ごと、いや数分ごとに目まぐるしく変わり、ときに暴風雨が吹き荒れる。夏場でもマフラーやニットキャップが必要なほど寒い日もある。フェアウェイやグリーンが硬く、狙ったところにボールを置きにくい。雑草が伸びたブッシュからは球を掻き出すことさえ難しい。まさに自然との闘いだ。

2013年はスコットランドのミュアフィールドが舞台になった。硬い地面や強風はオーストラリアのコースで経験したことがあったが、イギリスではぽっかり口を開けた深いポットバンカーに驚いた。ゴルフは上級者になるとバンカーからの脱出はそれほど苦にならないが、プロでも「絶対に入れてはいけない」と思わざるをえない。そうなると、ショットに余計にプレッシャーがかかるものだ。

しかし、勢いというのは恐ろしい。自分のことであっても、当時を振り返ると驚いてしまう。

この試合、ショットが好調で、ほかの選手に比べて「曲がらない」ことを武器にしていた僕は、優勝争いに近い位置でプレーした。20位タイで予選を通過し、首位に1打差と迫った3日目に〝スロープレー〟で1罰打が加わるトラブルがあり、結局6位タイで終えた。

初体験のコースでも、ショットとマネジメントの精度が高ければ戦える。PGAツアーでプレーする選手はたしかに飛ぶが、ときにショットを大きく曲げてピンチを招くリスクと隣り合わせだ。全米オープンのときよりも「もっと上でやれる」という感触が、いっそう芽生えていた。

生きる伝説との邂逅《かいこう》

小さい頃の憧れの存在が、目の前にいる。そんな状況は、いつ、どの世界の人も、胸を震わせるはずだ。

他競技と比べたときのゴルフというスポーツの特徴の一つは、選手寿命の長さにある。テレビの中のスーパースターと、いずれ大人になった自分が一緒に競い合える可能性が高い。僕にとっては〝AON〟をはじめとしたベテラン選手と同じ試合に出る機会がまさにそうだった。

しかし、そのなかでもタイガー・ウッズとのプレーは、感慨もひとしおだった。幼い頃からテレビを通じてその姿に憧れ、小学5年生の秋に初めて現地で観戦したプロゴルフの試合、宮崎県でのダンロップフェニックストーナメントで、彼の姿を生で見てからはいっそうタイガーの虜《とりこ》になった。

あれから11年。2013年8月に、僕はついに自分のヒーローと同じ組でラウンドすることになった。

WGCブリヂストンインビテーショナルという世界選手権シリーズの1大会でのことだ。実はその数年前、僕は日本で行われたイベントでタイガーと対面し、握手をさせてもらったことがあったが、実際の試合で、同じようにタイトルを争う選手同士としてぶつかるのは、このときが初めてだった。

初日、2日目の組み合わせで一緒にプレーすることが決まったとき、

「どうして僕が？」

と驚かずにはいられなかった。当時、まだPGAツアーでの実績に乏しい自分とのペアリングは嬉しくもあったが、正直とまどいがあった。

会場のオハイオ州ファイヤーストーンカントリークラブは、タイガーが大得意にしているコースの一つだった。

第1ラウンドが行われる木曜日の朝、スタート前のパッティンググリーンで挨拶を交わした。平静を装ってはいたけれど、体は緊張でいっぱいだった。

握ったタイガーの手は硬く、引き締まっていた。嫌がられていないだろうかと心配になったが、返してくれたあの笑顔で安心できた。

プロの世界に飛び込んでから、時間の経過とともに少しずつギャラリーやメディアから浴びる視線にも慣れてきていた。

ただし、タイガーと一緒にまわるとなると、注目度はその何倍にもなる。スタートから間もなくしてドキリとしたのは4番ホールで第1打を放ったあとだった。タイガーは「見せて」とばかりに僕が握っていたドライバーに手を差し出した。

調子が今一つ良くなかった僕のショットを見て、彼は「低いボールを打つ選手だ」と思ったらしい。僕のクラブを手に取り、その目で眺めている。コースでは選手同士は対等な関係とはいえ、不思議な感覚だった。


タイガーは学生時代にアメリカのあらゆるアマチュアタイトルを総なめにし、1996年に20歳でアメリカPGAツアーにデビューしてからも、伝説を次々につくってきた。

1997年のマスターズでメジャー初優勝を飾ったときには、2位の選手に12打差をつけた。2000年、カリフォルニア州のペブルビーチゴルフリンクスでの全米オープンでは15打差だ。2008年までに4大メジャートーナメントですべて優勝するキャリアグランドスラムを3回達成（2021年現在、通算15勝）。ドライバーショットの飛距離も、アイアンショットの鋭さも、ピンチを鮮やかに切り抜けるアプローチも、奇跡的な勝利を何度も演出したパッティングも、そのすべてが群を抜いていた。

その魅力が凝縮されたようなラウンドを、僕は目の前で見せつけられた。大会2日目のことだ。

ブルーのシャツに身を包んだタイガーは、スタートの3ホールをバーディー、イーグル、バーディーで飛び出し、瞬く間にスコアを伸ばしていった。

「何をやってもうまくいく」

という表現は、実は当てはまらない。ショットを林に曲げたホールもあったし、バーディーチャンスを外した場面もいくつかあった。

それにもかかわらず、18ホールのスコアは「61」だった。

僕の「68」というまずまずの好プレーも完全に霞んでしまう驚異的な数字。まるで小学生とプロが一緒にまわっているような、はるか彼方に存在する感覚だった。手がつけられない、もう、どうしようもない。タイガーはその週、結局2位の選手に7打差をつけて優勝した。

試合に負けたとはいえ、スーパースターのプレーをいちばん近くで堪能《たんのう》できたのは、幸運でしかない。

ただ一方で、僕は僕なりにタイガーの〝変化〟も感じていた。

その年の前後、彼は度重なる故障とプライベートの問題で、何度も戦列を離れた時期があった。全世界を支配した20代の頃の圧倒的な強さはキャリアのターニングポイントを経て、少し違うものになったような気がした。

テレビを通じて観ていたタイガーは、2メートルのバーディーパットを外すようなことがない、取りこぼすことなどないようなイメージがあったからだ。

胸にあったモヤモヤした気持ちの理由は、同じ週に少し理解できた気がした。

会場のファイヤーストーンカントリークラブの南、カントンという街には、知る人ぞ知るステーキハウスがある。選手にもファンが多く、僕も毎年、週に何度も通っていた（現在は、この試合の会場が別の場所に移ってしまった）。

店舗内の壁には往年の選手たちの写真がいくつも貼ってあり、それを眺めるのも楽しい。目に飛び込んできた一枚のポスターを見て思った。

「僕の知っているタイガーの眼はこれだ」

小学生のとき、宮崎で見たタイガーは全身から恐ろしいほどのオーラがほとばしっていて、僕は彼の眼を見て思わず立ちすくんだ。

しかし、実際に一緒にプレーをしたときはそうではなく、どこか涼しげにも感じた。年月は神様のような存在にも変化をもたらすのかもしれない。

タイガー・ウッズのスターたる所以も、タイガー・ウッズの必ずしも完璧でないところも存分に感じられた、本当に貴重な2日間だった。

技術やパワーだけでなく、タイガーの「絶対にあきらめない姿勢」が引き出すゴルフの奇跡を僕たちは何度もテレビを通じて見てきた。

膝や腰の故障を繰り返しながら果たす復活劇は、常識では考えられない。本当に同じ人間なのかとさえ疑ってしまう。

コースで別の選手を見ていたギャラリーが、どこからか、

「タイガーが来る」

と声がかかると、みな我先にと移動を始める。どんな人にも「見たい」と思わせる彼ほどのプロゴルファーは、ほかにいない。

僕だって、仮に優勝争いをしている相手がタイガーとなったら、そのときは本気で挑戦するし、必要以上にリスペクトしすぎることもないだろう。

ただし、そうでないときは一人のファンの目線になる。

試合会場で初めて会った２０１３年の夏から、僕はずっとタイガーと一緒に記念写真を撮ってもらいたいと思っていた。けれど、それができなかった。同じフィールドで戦う選手として失望されるのではないかという気持ちがあったからかもしれない。

願いをずっと胸に秘めていた２０１６年の冬、僕はバハマで行われたヒーローワールドチャレンジという大会で優勝した。

表彰式では、大会のホストを務めるタイガーが優勝者を称えるのが恒例になっている。その試合の直後から、僕がアメリカで使うスマートフォンのホーム画面の壁紙は、当時の表彰式で、タイガーと握手を交わしているときの写真だ。

2021年2月、タイガーはカリフォルニア州ロサンゼルスで自動車事故を起こし、大ケガを負った。右足の脛骨と腓骨の粉砕骨折に加え、足首も損傷し、「今度こそ終わりだ」という見方も多い。

それでも僕は、タイガーはきっとまたツアーに帰ってくる、復活すると信じている。彼のゴルフへのモチベーションがあるかぎり、もう一度優勝しても何ら不思議ではない。ケガをしたのがスイング中により負担がかかる左足でなかったのが不幸中の幸いとも見ている。ただ、カムバックしてくれるはずだという思いの根拠はそこではない。彼は、タイガー・ウッズだから。説明はそれで十分だ。

ボロボロでつかんだ頂点

2013年6月の全米オープン、7月の全英オープンでのトップ10入りがもたらしたのは、内面の自信だけではなかった。

当時の主戦場はあくまで日本ツアーだったが、メジャー大会での活躍は、アメリカＰＧＡツアーに本格参戦するチャンスを生んだ。

ＰＧＡツアーは、タイガーをはじめ世界中のトップ選手が集う世界最高峰の男子ツアーであり、メジャーを含め1シーズン45試合前後の大会が組まれている。選手たちは毎シーズン、各試合で得た賞金（ポイント）を積み重ねて争う。

シーズンが終わった段階で、賞金やポイントのランキングが低ければ、シード権、つまり次の年の職場を失ってしまう厳しいサバイバルレースだ。

僕のように別の国のツアーでプレーしている選手が、ＰＧＡツアーに定着してプレーするためのシード権を得るには、スポット出場した大会で優勝するか、予選会を通過して〝2軍〟に相当する下部ツアーで1年間、好成績を重ねて賞金ランキング上位の資格を得る必要がある。

ただし、ルートはもう一つあり、年間でスポット参戦した数試合の合計獲得賞金額（現在はポイント制になっている）が、〝前年のシード選手並み〟であればその権利を付与される。

簡単に説明すると、「この選手は出場機会が限られているにもかかわらず、ＰＧＡツアーのシード選手と同等の実力をもっている」と判断されれば、年間の出場が認められるというわけだ。

毎年、わずか数人ではあるが、この資格を手にしている。実際に、石川遼も２０１２年にこの基準をクリアしたことで翌年からＰＧＡツアーに本格参戦した。

メジャー２大会でトップ10に入った２０１３年、賞金額のボーダーラインを突破するために、僕は世界を駆け巡った。

スポットで出場できる試合があると聞くや、イギリスからカナダに飛び、アメリカで夏場のシーズン終盤戦を懸命に戦った。タイガーとぶつかったＷＧＣブリヂストンインビテーショナルで21位タイに入った翌週、その年の最後のメジャーだった全米プロで19位タイに入り、条件を９割方クリアした。

大陸をまたぐハードスケジュールをこなせたのは、体を酷使してこそだった。

全米プロの翌週のレギュラーシーズン最終戦、ウィンダム選手権でついに新シーズンのシード権獲得を確定させたが、その試合は満身創痍《そうい》で戦った。３日目の朝、ホテルの部屋でストレッチを始めると、疲労いっぱいの体が悲鳴を上げ、ぎっくり腰のような痛みが走った。しばらくのあいだ、人の手なしでは動けなくなり、プレーどころではなくなった。

ラッキーだったのが、その日は雨でスタート時刻が約３時間遅れたこと。ほとんど腕だけでクラブを振るようなスイングで決勝ラウンドをまわりきった。

「僕は日本ツアーを1年で卒業する」

開幕前に立てた荒唐無稽《こうとうむけい》な誓いのとおり、その年の9月に始まるPGAツアーの新シーズンに参戦できる権利を手にした。ただ、新たな道を切り開いた分の代償も大きかった。日本とアメリカ、両方のツアーをかけもちすることになった秋から冬にかけて、肉体は限界に達していた。

国内のフジサンケイクラシックでプロ3勝目を挙げたあと、渡米してアメリカ選抜との対抗戦、ザ・プレジデンツカップに世界選抜の一員として参加し、その翌週に2013－14年シーズンの開幕戦、フライズドットコムオープンに出場した。

PGAツアーはこの年から毎年秋に開幕し、夏場に1シーズンを終えるスケジュールに変更され、新人の僕はトッププロが休みを取る早い時期に、好成績を残して翌シーズンのシード権確保に向けて前進したかった。だから、この初戦の3位タイという結果は満足いくものだった。

しかし、その翌週のシュライナーズホスピタルフォーチルドレンオープンは、大会初日のスタート前に棄権した。心身ともに疲弊して胃潰瘍を発症する寸前で、とてもゴルフどころではなくなり日本に帰国した。

それでも試合は続く。次のマレーシアでのCIMBクラシックで背中に痛みを覚え、

ＷＧＣ ＨＳＢＣチャンピオンズが行われた中国の上海では、２日目の朝、ついに練習場でクラブを上げられなくなった。

〝板〟が入ったように背中が硬直し、痛みが気になって眠ることすらままならない。首や腰も曲げられず、食事どきは顔の位置は高いまま、手で箸やスプーンを口元まで上げて食べ物を含んでいた。

それほどまでに無理をした理由は、ＰＧＡツアーに早く定着したい、そのために試合に出たいと思っていたこと。もう一つは日本ツアーで賞金王になることを目指したからだった。賞金王のタイトルには、向こう5年間の長期シードがついてくる。

仮にＰＧＡツアーでの職場確保に失敗しても、出場できる試合が国内に残されていることはキャリアにおいて大きい。

悲鳴を上げている体で、日本のシーズン終盤戦を戦った。

11月、宮崎でのダンロップフェニックストーナメントでは最悪といえる状態であり、そして、のちのターニングポイントになる試合でもあった。

3日目、それまで違和感があった左手親指のつけ根のあたりが急に腫れてきた。夜も痛みで眠ることができず、最終日は痛み止めを服用してプレーした。

結果だけ見れば6位タイと上位だったが、72ホールをまわりきるだけで、僕の中では〝合格点〟だった。

魅力的な賞金王のタイトルを勝ち取るには、もう次で決めるしかなかった。シーズンは残すところ2試合。

カシオワールドオープンを前に、僕は賞金ランキングトップを走り、後続の選手たちに約4300万円以上の差をつけていた。この額をキープできれば、最終戦を戦う前に目標を達成できる。

左手の痛みは限界のラインを行ったり来たりしていた。

そんな大ピンチで手を差し伸べてくれた人がいた。アマチュア時代にも数回、体をケアしてもらったことがあった飯田光輝トレーナーだった。

飯田さんは当時、賞金王レースの僕のライバルだった金亨成《キムヒョンソン》さん、小田孔明さん、そして、大学の先輩である藤本佳則さんらトップ選手との契約を抱えていた。まさに〝敵に塩を送る〟行為で患部の状態を診てくれたのだ。

そして、自分にとってもう一つ、わずかな希望になったのが、大一番がカシオワールドオープンで、会場が明徳義塾中高時代、毎週末にラウンドしていたKochi黒潮カントリークラブだったことだ。

万全の状態からは程遠く、飛距離も落ちていた。左手の痛みに加え、背中も元気なわけがない。でも、やれることをやるしかない。

最終日は、池田勇太さんとサンデーバックナインを争った。

中高時代のゴルフ部の高橋章夫元監督、東北福祉大学の阿部靖彦監督といった恩師はじめ、家族や知り合いも多く見守るなかで、僕はその年の4勝目を挙げた。頭で描いていたとおり、ここで勝負を決められた。

達成感に浸りながら、テレビ中継の優勝インタビューで思わず、

「1年間ありがとうございました！」

と口走った。翌週にはシーズン最終戦があるのに。この時点でもう、その試合には出られないことがはっきりしていたからこそ、本音が出てしまった。

体も心も、もうボロボロ。史上初のルーキー選手による賞金王戴冠という名誉は、残っていた力を余すところなく振り絞った結果だった。

第7章　海外での挑戦

知らない土地を仲間と旅する

大学卒業を控えた2014年の初め、期待に膨らむ胸には不安の影もあった。賞金王のタイトルを手にした日本ツアーを飛び出し、アメリカPGAツアーに主戦場を移す。しかし、前年秋から左手親指のつけ根付近をはじめ、腰や背中に痛みが発症したとおり、体は悲鳴を上げていた。

出場試合のなかった年末年始の約1カ月はクラブを振ることができなかった。治療のおかげで背中や腰は良くなっていたが、左手に激しい痛みが突発的に出る日があった。原因ははっきりせず、「左母指手根中手関節炎」という病名も、医師によれば多少無理につけたそうだ。

その年の初戦、1月のハワイでのソニーオープンは開幕前日に出場を取りやめた。左手の違和感が消えない。今思えば、過度に気にしていたのかもしれないが、それまでのキャリアで経験したことがない痛みだった。

2試合目の2月初旬、ウェイストマネジメント フェニックスオープンで4位タイに入ったが、月末のザ・ホンダクラシックでは、またもや患部周辺の左手首に痛みを感じて途中棄権した。

毎週、いや毎日のように目まぐるしくコンディションが変わる。

4月、自身3回目となるマスターズは、プロになって初めてのオーガスタでの戦いだったが予選落ちした。左手にテーピングを施してプレーした初日に「80」をたたいてしまっていた。

成績を左右したのが、すべて左手のせいだとは思わない。体のどこかに痛みを抱えながらプレーすることは、プロゴルファーにとって特別ではないからだ。

むしろ気になったのは、拭い去れない違和感だった。得体の知れない何かが左手にくっついているような感覚。その影響で、故障する前のスイングのフィーリングを取り戻せないでいた。

世界最高峰のレベルにあるPGAツアーに集まる選手は一流ばかりで、賞金額も桁違いだ。たとえば日本ツアーの1試合の優勝賞金の最高額は4000万円だが、メジャートーナメントの4大会はそれぞれ2億円超。〝第5のメジャー〟と呼ばれるザ・プレーヤーズ選手権は2021年現在で2700万ドル（約3億円）にも上る。

さらに、各試合の順位に応じたポイントの積み上げによって1シーズンで争うフェデックスカップの年間王者には、大会の賞金額とは別に、1500万ドル（2021年現在）のボーナスまで支給される。

世界中のトップ選手たちがナンバーワンを競い合い、目の色を変えてプレーすることのツアーでは、体とメンタルのタフさが試される。

日本をメインにしてきた頃とは、生活からして違う。長距離のフライトを終えたかと思えば、ゴルフ場は市街地にないことも多いため空港から長時間の運転を強いられ、移動だけで丸一日つぶれてしまうこともある。

アメリカ本土のなかにある、最大3時間の時差も意外と厄介だ。また、日本食が好きな僕は、地域によって食事で本当に苦労するから、炊飯器や醤油を持って移動することも珍しくない。

なによりも苦労してきたのは、アメリカのコースの芝が日本とはまるで違ったことだった。芝生も生き物なので、種類によって生息できるエリアが異なる。

国土の広いアメリカでは、コースによってそれぞれの芝に合わせた打ち方をしなくてはいけない。パットでボールが転がるスピードや跳ね方が変わったり、フェアウェイでも打つときにクラブが引っかかったり。会場を移るたびに違う技術、頭の切り替えが必要になる。

忙しく、目まぐるしい毎日。

でも、僕はそれを自分一人で乗り越えてきたわけではない。隣にはいつも進藤大典キャディーをはじめとする、頼もしい仲間がいた。

通訳のボブ・ターナーさんは、かつてスペインのスター選手だったセベ・バレステロスをサポートしたほか、尾崎直道さんら、アメリカに挑戦した多くの日本人選手を支えてきた。ちなみに、僕が初めてマスターズに出た２０１１年に通訳を務めてくれたアラン・ターナーさんは、ボブさんの息子で、元メジャーリーグのイチローさんの通訳としても活躍されている。

この２０１４年からは飯田光輝トレーナーにもお世話になり、当時〝傷だらけ〟だった体をケアしてもらった。直前まで日本で契約されていた小田孔明さん、藤本佳則さん、そして、中嶋常幸さんらトッププロから引き抜く格好になってしまったが、先輩のみなさんは快く送り出してくださった。

どの試合に出るにしても当然、初めてプレーする会場ばかりで、月曜日から水曜日までにコースをくまなくチェックし、木曜日から日曜日まで試合というスケジュール。僕たちはホテル暮らしが延々と続き、寝食を共にした。

日本でプレーしていたときのように、試合が終われば、それぞれがいったん自宅に帰るという生活スタイルで築かれる関係とは密度が違う。

髪の毛を切りにいく時間すらもなかなかない（そもそも、外国で切るのは勇気もいる）。ストレスがたまることもあるが、その分、チームの絆は深まっていく。それもまたＰＧＡツアーを戦うということの一部だった。

アクシデントに遭ったときこそ

２０１４年5月末、オハイオ州で行われたザ・メモリアルトーナメント。

アメリカに渡って数カ月が経ち、転戦にも慣れてきたが、故障によって失っていた自分のスイングの感覚を取り戻そうと、必死になっていた時期だった。

試合会場のミュアフィールドビレッジゴルフクラブは、前年秋に世界選抜チームの一員として参加した、アメリカ選抜との対抗戦ザ・プレジデンツカップの会場でもあった。当時としては数少ない、予備知識のあるコース。ギャラリー用のスタンドの作り方などが異なり、まったく同じというわけではなかったが難しいことには変わりない。ここは史上最多のメジャー通算18勝を誇る、ゴルフ界の帝王ジャック・ニクラウスが設計を手掛けた18ホールなのだ。

僕はその前の週、クラウンプラザインビテーショナルの最終日を最終組でプレーした。結果的には10位タイに終わってしまったが、スイングにおいて何か良いきっかけをつかめそうな期待をもってコースに入り、練習に取り組んでいた。

大会初日のスタート直前、思わぬハプニングがあった。ショットの調整を終えてパッティング練習を始めようとしたときのことだ。

なんと、キャディーバッグにパターがない！

ゴルフクラブは、試合期間中はコースに置きっぱなしにする選手も多いが、僕は必ず持ち帰る。昨晩、部屋で大典さんに拭いてもらったパターは、そのまま置き去りになっていた。

ボブさんと飯田さんがホテルに向かって自動車を飛ばしているあいだに、ティーオフ時刻になった。青ざめている大典さんの横で、僕は、

「まあ、しかたがない」

とスタートホールの第1打を打ち、2打目でグリーンにのせた。パターがないから、別のクラブで転がすしかない。そう覚悟を決めて歩いていたそのとき、飯田さんが全力疾走で僕らのもとに駆け寄ってきた。

ギリギリセーフ。愛用のパターが戻ってきた。

当然ながら、その日は1球もパッティング練習しておらず、グリーンのスピード感もまったくつかめていなかったが、15メートルはあろうかというファーストパットはカップにピタリと寄って事なきを得た。ツキもあったとしかいいようがない。

スイングのリズムを頭に置きながらホールを進めると、前週に感じた良いフィーリングも維持できて上位でのプレーが続いた。

18番ホールでは連日、バーディーを奪った。なかでも3日目は2打目で最高のアイアンショットがピンそばにつき、上位でタイトルを争える自信も湧いていた。

最終日の朝、僕たちは首位のバッバ・ワトソンと2打差の3位にいた。

最終組の一つ前の組で一緒にプレーしたのは、ザ・プレジデンツカップでペアを組んだオーストラリアのアダム・スコットだった。目の前で優勝を争う間柄であっても、

「僕らのどちらかが優勝しよう」

と声を掛け合って、良い雰囲気でスタートすることができた。

序盤からバーディーを重ね、前半9ホールを終えた時点でトップに並んだが、ミュアフィールドビレッジゴルフクラブは後半にスコアボードを確認できるホールが少なく、日曜日の最終9ホール〝サンデーバックナイン〟の途中まで、自分のポジションを把握できないでいた。

勝負どころの16番パー3。いちばんやってはいけないミスをする。

6番アイアンでの第1打を池に入れてダブルボギー。ここでようやく順位を知り、まだトップタイだったことを知ったが、次の17番もボギーにしてしまった。

首位でホールアウトしていたアメリカのケビン・ナに追いつくためには、18番でバーディーをとるしかない。だが、狙いすましたドライバーショットは右に流れ、万事

休す……とあきらめかけたところで、ボールが風でフェアウェイに押し戻されてきた。

「まだチャンスがある」

そう思った瞬間、異変に気づいた。

ドライバーのシャフトが、折れていたのだ。

スイング直後にフィニッシュを崩した際、集音マイクを支える小さな鉄の棒にクラブがヒットして、〝くの字〟になってしまった。

「スペアのドライバーはあったっけな？」

でもとりあえず、それどころではない。このホールでバーディーをとらないと首位に並べない。２打目に集中した。

ピンまでは１７３ヤード、右からの向かい風。７番アイアンでのショットは完璧だった。ピンそば１・５メートルのバーディーチャンス。グリーンに上がり、ラインを読み込む。カップまでの途中に、小さな芝１本がわずかに飛び出ているのが見えた。

「あの芝の左をかすめるくらいのラインを通そう。しっかり打てればプレーオフだ」

狙いどおりだった。土壇場でトップが二人になったことで、大歓声はしばらくして、どよめきに変わった。

一度スコアカードを提出し、プレーオフの相手、ケビン・ナと再び18番ホールに戻る。僕の手元にはドライバーはない。でも、そう嘆いたところでしかたがない。

ティーショットはドライバーの次に飛距離が出る3番ウッドで打った。右サイドのバンカーにつかまってしまったが、相手も第1打を左の小川に入れるミスをしていた。僕の2打目は200ヤード近い距離が残った。18番ホールはグリーンの右サイドに逃げるとアプローチやパッティングがとたんに難しくなる。

左サイドを狙った5番アイアンのショットは大きく外れたかに見えたが、グリーン左奥で観戦していた女性ギャラリーの足に当たり、恵まれたライからアプローチショットを打つことができた。

決めれば優勝の、パーパット。3メートルの下り、フックラインを眺めて大典さんが背後で言った。

「見た目より切れないはずだよ」

つい20分前、正規の18番ホールで同じ組でプレーしていたアダム・スコットのパットを覚えてくれていた。

丁寧に打ち出したボールが、頭に描いた軌跡をなぞってカップに向かっていく。入るのをその途中で確信し、僕は両手を突き上げた。

日本人選手としては6年ぶり。青木功さん、丸山茂樹さん、今田竜二さんに続く史上4人目のPGAツアーでの優勝だった。22歳での達成は最年少だという。大会ホストを務めるジャック・ニクラウスから手渡されたクリスタルの優勝トロフィーが西日に輝いてまぶしかった。

その夜、僕たち４人は、チームでホテル近くの韓国料理店でささやかなお祝いをした。店内で、プレーオフの相手だったケビン・ナと遭遇した。彼は、

「ここの勘定は、勝ったヒデキが払うんだぞ」

と笑いながら帰っていった。選手たちは皆ライバルだが、ひとたび真剣勝負の場を離れれば、同じ厳しい世界に身を置く戦友だ。

優勝して得た満足感はこのうえないものだった。とくに翌年以降、２年間のシード権（現在、同大会は３年シードを付与）を得られたことが嬉しかった。来年も、再来年も、ここでプレーできる。

しかし、試合を振り返る頭に浮かんだのは反省点ばかりだった。16番で第１打を池に入れた。17番はアプローチとパットのミスでボギーにしてしまった。18番もティーショットが乱れた。

「きっちり打てていたら、もっと簡単に勝てていたはずなんだけどなあ」

祝杯をあげているあいだも、僕はそんなことばかり考えていた。

一打への根拠を求めて

ゴルフは経験を積み重ねるスポーツで、コースへの知識といった部分ではやはり年齢を重ねた選手のほうが有利といえる。

しかし、経験に乏しかったり、無知であったりすることが、必ずしもハンディキャップになるとはいいきれない。

ザ・メモリアルトーナメントで優勝した2014年の僕には、そんな若さゆえの勢いがあった。

毎年秋に開幕し、翌年の夏場に終わるPGAツアーのシーズンは、終盤に4試合フェデックスカップ・プレーオフシリーズというものがある(2021年現在は3試合)。

8月中旬までのレギュラーシーズンを終えて翌年のシード権を確保した、ポイントレース上位125人の選手が、最終戦のツアー選手権を目指して最後の力を振り絞る。プレーオフシリーズは1試合が終わるたびにシーズンの合計ポイントが低い選手が脱落していき、ツアー選手権には30人しか進出できない。

このトップ30に入ると、翌年のマスターズをはじめとしたいくつかのメジャー大会の出場権も自動的に手に入る。

また、大会を終えてポイントランク1位の年間王者は1000万ドル（現在は1500万ドル）のビッグボーナスまで獲得する。

9月のBMW選手権をポイントランク30位で迎えた僕は、翌週の最終戦出場に向けて当落線上をさまよっていた。会場は、2年前、学生として全米アマチュア選手権でプレーしたコロラド州のチェリーヒルズカントリークラブ。最終日は優勝争いから遠い位置だったが、緊張感あるプレーを続けていた。

次の最終戦に進むためには、バーディーが必須の終盤17番パー5、第2打はフェアウェイバンカーからだった。2オンできればチャンスが広がるが、グリーンの手前には池がある。落とせば僕のシーズンはこの試合で終わるだろう。

けれど、後悔はしたくなかった。リスクを背負って2オンを狙う。失敗したらまた反省すればいい。残り228ヤード、4番アイアンでのショットは完璧ではなかったが池を越えてくれた。2パットのバーディーとして、ツアー選手権進出にこぎつけた。

土壇場で良いショットが打てたことに手応えがあった。当時の若さあっての選択だったと今は思う。ある意味で今はもう打てない、狙えないショットだとも思う。

ゴルフの一つひとつのショットは、自分に成功体験と失敗体験のどちらも積み重ねていく。失敗が増えれば恐怖心が芽生え、ゴルファーは自ずと堅実なチョイスをするようになる。

だからこそ、自信に満ちた若さゆえの強さ、勢いは十分な武器になる。22歳だった僕はあの場面で、自分なりの少ない経験を最大限に活かしてプレーしていたつもりだ。怖いもの知らずではあっても、頭は冷静で「自分にできることと、できないこと」の判断はついていたように思う。「リスクはあるけれど、こう打てればこうなる」という根拠があった。

プレッシャーのかからないときにも、僕は「練習のときにさえ打てないショット」に試合でチャレンジすることはない。それは「積極的」ではなく「無謀」という。成功する確率がどのくらいあるかを見極める能力は、普段の練習や試合での経験をきちんと頭で整理していくことでしか養えない。

それぞれのプレーに根拠や理屈を求めない姿勢は、きっと成長を妨げてしまう。

海の向こうでの洗礼

僕はＰＧＡツアーに参戦した当初、ゴルフルールに関するトラブルに何度か巻き込まれた。決して忘れてはいけない出来事だ。

最初に思い浮かぶのが日本でのプロ転向初年度、２０１３年7月の全英オープンでのスロープレーへのペナルティーだった。

3日目に優勝争いに加わっていた僕は、15番ホールを終えたあと、その前のロングパットを打つ準備にかけた時間が「タイムオーバーしている」と競技委員から警告を受けた。ゴルフは規則で1打を打つまでに、かけていい時間が決められている。

僕自身、たしかにプレーが速い選手ではない。それでもそのあとの実際に罰打を加えられたシーンは納得できない部分もあった。

次の16番ホールを終えた段階では、前でまわる組には追いつき、間隔を開けずに進行させていた。ところが、17番ホールでティーショットを曲げたことで、次の2打目までに長く時間がかかり、1打のペナルティーを付加されたため、パーだったところがボギーになってしまった。

正直言って、当時は不可解な気持ちだった。

そのときの第1打は左サイドのギャラリーの背中に当たり、ボールが深いラフの中に入った。2打目地点で僕はまずボールをぶつけてしまったギャラリーに、謝罪の意味でグローブにサインをしてプレゼントした。

さあ、2打目を打とうと、狙いどころを考えていたとき、ターゲットを最初に思い描いたエリアとは別の場所に変え、キャディーの大典さんに歩いて距離を測り直してもらった。構えて、クラブを上げたときに一瞬、周辺で音が響き、僕はスイングを止めた。

もう一度アドレスに入ってショットを放ったが、この過程で持ち時間を過ぎてしまったという。二度目の警告により罰打となった。

驚いたのは、同じ組でまわっていたアメリカのジョンソン・ワグナーがホールアウト後、スコア提出所で競技委員に食ってかかっていたことだった。

僕のペナルティーに「納得がいかない」と、主張を繰り広げていた。選手の成績はスコアカードの下の欄にみずからサインをして正式に受理されるが、ワグナーはペンを走らせようとしなかった。

プロ1年目で、英会話も不十分な僕をかばってくれている姿に感動した。最終的に競技委員からワグナー自身にも罰打を加えると忠告され、彼も折れることになったが、これが世界のトップレベルでプレーする選手たちの在り方かと感じた。

主義主張の強さや選手間の忠告という点では、〝出会い〟に恵まれたところもあったと思う。

PGAツアーに本格参戦したあと、僕はグリーン上で一度ピックアップしたボールをセットし直すときの位置が「甘い」と指摘された。ほかの選手の目には、元の位置からわずか数ミリカップに近づけているように見えたという。自分では意識していな

かったことだったが、ベテランのデービス・ラブ３世からは、試合中に面と向かって、

「キミを嫌って言うわけじゃないが」

と前置きされたうえで注意を受けた。

２０１４年3月には、フロリダでのＷＧＣキャデラック選手権でも〝事件〟があった。パットを外した瞬間、悔しさのあまり思わず振り下ろしたパターで、グリーンに痕をつけてしまったらしい。気づかずに、その凹みを直さないまま次のホールに向かうと、後ろの組のイアン・ポールターに試合後に怒られた。その晩、彼のツイッターに〈Idiot（馬鹿者）〉と投稿された。

翌朝、僕はポールターと彼と同組だった二人の選手にも謝罪した。話はそれで終わらず、その翌日に、スコア順の組み合わせによってまさかポールターと一緒の組でまわることになるとは思わなかった。巡り合わせにもほどがある。

咎められた当時は、憤慨する気持ちも少なからずあった。

ただ振り返れば、アメリカに来て早い段階で注意されて良かったとも思える。

指摘されるということは、自分に意識がなくても、他人からはそう見られているという証拠だ。

「気をつけなくてはいけない」

と自覚を促された。「アイツはマナーが悪い」と陰口をたたかれ、長いあいだレッテルを貼られるよりよっぽどいい。

ゴルフには「自分が審判」という要素がある。

ルールの解釈やトラブル時のボールの処置などについては、選手同士で見解の違いからせめぎ合いもある。正当性をどう主張し、批判に対しても、どういう態度をとるのかが、アメリカではいつも問われている。

場がつくり出す熱量

世界のトッププレーヤーがしのぎを削るPGAツアーのプロたちは、才能だけでなく、個性にあふれた選手でいっぱいだ。

ほかのスポーツでも成功したであろうアスリート、とにかく飛距離が出るロングヒッター、ボールを自在に操るテクニシャン、どこからでも決めてくるパットの名手。

こうした選手層はもちろんだが、盛り上がりを演出しているのは、難しいコースそのものにもある。

深いラフや池、バンカーの特徴的なデザイン、グリーンの大きな傾斜。コースの設計者と、セッティングを担当するツアーのスタッフの意図が明確に感じられるテストに、一流選手がどう答えていくかにファンは注目する。

イーグルやバーディーが飛び交う試合もあれば、パーを重ねて苦しみながら我慢強く耐え抜いた選手が勝つ試合もある。どちらのゲームもあるからおもしろい。ゴルフというゲームをよく知るギャラリーの純粋な反応も楽しい。

そういった緊張感いっぱいのところで優勝争いができることは、プロゴルファー冥利《みょうり》に尽きる。ツアー3年目のある試合、僕は不思議な感覚に陥った。

ザ・メモリアルトーナメントで初優勝を飾ってから、翌2015年シーズンはトップ10に9回入る安定した成績を残したが、次の1勝が遠かった。

2016年、2年ぶりの勝利を目指してプレーした2月のウェイストマネジメントフェニックスオープンは、PGAツアーのなかでも異色の試合だ。

当時から1週間の来場者数が延べ60万人以上にも上り、ロープの外に人の波ができる。なかでもパー3の16番は名物ホールとして知られ、外周が野球場のような巨大なスタンドで取り囲まれ、ショットのたびに大騒ぎになる。

僕が最終日に優勝を争ったのは、アメリカのリッキー・ファウラーだった。祖父が日本人のリッキーは、ファッショナブルで子どもから大人まで絶大な人気を誇る。

18番ホールで会心のパットを決め、互いに譲らずバーディーを奪ってプレーオフに突入した。アメリカのギャラリーは、外国人である僕にもいつも温かい声援を送ってくれる。最初は「ハイデキ（HIDEKI）」と呼ばれていたが、日を追うごとに「ヒデキ」が定着していった。

ところが、このときばかりは違った。母国の大声援を一身に集めるリッキーに対し、僕は悪役といってよかった。

どこからともなく、

「USA！　USA！」

というコールが沸いた。内心で、

「それはおかしいやろ」

と思ったが、しかたがない。最後は、

「リッキー！」

と発された声援を、勝手に、

「ヒデッキー！」

と聞こえるように思い込んで、自分を勘違いさせることにした。

それでも99パーセントは、目の前の相手の援軍だった。

1ホールでどちらかが良いスコアを出せば、その時点で勝者が決まるプレーオフはなかなか決着がつかなかった。大観衆を引き連れながら、僕もリッキーも、体力も精神力も限界のところで戦っている。

３ホール目の10番ホールに大観衆と向かう途中、ふと思った。

「この試合が、終わらなければいいのに」

優勝はしたい。でも、それ以上にこのマッチアップを続けたい。どうして決着をつけなければいけないのか。たまっているはずの疲労を、その何倍もの楽しさが上まわっていた。長い時間走って高揚し、どれだけでも走れそうな気分になる〝ランナーズハイ〟と一緒かもしれない。

結局、４ホール目で僕はリッキーを破った。２シーズンぶりの２勝目はＰＧＡツアーの醍醐味を体の芯まで味わうような時間だった。

もしかしたら、あの感覚を「ゾーン」と呼ぶのかもしれない。

あんな心境でプレーしたのは、人生で今のところ一度きりだ。

「ゴルフだけ」が近道ではない

幼少期から、僕自身は何をするにもゴルフを第一に考えてきた。

それゆえ、矛盾するかもしれないが、将来ゴルフで成功したいと思っている子どもたちには、ジュニアの頃にはできるだけいろいろなスポーツにふれてほしいと考えている。

それはアメリカに来て、ほかのゴルファーを見て痛感したことでもあるからだ。

ＰＧＡツアーでは、少年時代に僕のように「ゴルフだけをやってきた」という選手がほとんどいない。

アメリカのスポーツ界には、マルチな才能を発揮するアスリートが数多くいる。

バスケットボールの神様マイケル・ジョーダンがメジャーリーグにも挑戦したのは、よく知られるところだろう。

ツアーの顔の一人であるジョーダン・スピースは、学生時代に左投手としてならし、リッキー・ファウラーは、モトクロスに打ち込んでいた。

ダスティン・ジョンソンはバスケットボールが得意で、２０１９年に全米オープンで優勝したゲーリー・ウッドランドに至っては、大学時代にＮＢＡに進むチャンスもありながら、選手寿命が長いゴルフを選んだという。

そういった具合に、ほかのスポーツでも通用する身体能力をもった選手が多くいるのがアメリカのゴルフ界だ。

野球、サッカー、バスケットボールといったほかのスポーツは、その競技を楽しむうちに、心肺機能や筋力など、身体能力が自然とアップする要素をもっている。

残念ながら、ゴルフだとそうはいかない。スイングの繰り返しだけで体力を向上させようと思うと効率が悪い。

なにより、日本でこれまでもっとも活躍したプロゴルファーの尾崎将司さんは、元プロ野球選手という事実もある。

年齢や性別、体力に関係なく、多くの人が楽しめるのもゴルフの魅力の一つだが、将来、世界で活躍するトッププロを日本から多く輩出するためには、そういった肉体的なポテンシャルに優れたゴルファーを増やすことができたらおもしろいと思う。

アメリカには高校までは無名ながら、大学で専念したゴルフで急に〝化ける〟選手も少なくない。

そういうほかのスポーツでも通用するようなアスリートが参入してきたら、ゴルフにだけ没頭してきた選手にとっても、「負けられない」という刺激になり、ゴルフ界全体に好影響を及ぼすだろう。

若いアスリートに将来の選択肢が多く残されている社会は、とても豊かだと思う。

道具へのこだわり

ゴルフは道具を使うスポーツだ。

ボールを手や足で直接扱うわけではないから、クラブは自分の体の一部ともいえる。プロゴルファーである以上、お金を稼ぐための道具に関しては、妥協は絶対にできない。システムエンジニアの方がパソコンの性能にこだわったり、料理人が一流の調理器具を選んだりするのと同じことだ。

2015年から拠点にしているフロリダ州オーランドの自宅にはあらゆるギアが所狭しと並ぶ。

メーカーの研究開発のおかげで、ゴルフクラブやボールは年々進化している。僕は新しい商品が出るたびに積極的にテストに取り組むタイプだ。

強いこだわりも、それなりにある。

クラブはウッドからアイアン、ウェッジにパター、それぞれにつけるシャフトやグリップまでさまざまな種類があるが、ゴルファーの腕前に合わせてビギナー用から上級者用とレベル分けされる。

僕は必ずしも上級者用に惹かれるわけではなく、むしろ「やさしい」といわれる類のものをカスタマイズしてもらうことが多い。

新しいクラブを打つときも前と同じ感覚で打って、もっと良いショットになるか、あるいは違う利点があるかを常に探している。

クラブで気にするポイントの一つが、構えたときの〝見た目〟だ。

具体的には、ヘッドの形や向き、装着されているシャフトの角度といった細かい部分に目が及ぶ。同じ製品であっても微妙な〝個体差〟を感じれば、テストすらできない。視覚的な違和感を解消するために、ヘッドにマジックペンで色を塗ってもらうこともある。

ボールは硬めで「パチン」と音が出るものが好みで、契約メーカーが何度も試作してくれている。

契約先の住友ゴム工業（ダンロップ）で、最初に僕のアメリカ生活に帯同してくれた藤本哲朗さんをはじめとした担当者の方には、これまで力強くサポートしていただいてきた。

クラブやボールだけではなく、ポロシャツやパンツの素材も愛用しているものでないと気がすまない。

左手のグローブは多くのプロゴルファーが使う天然皮革のモデルではなく、耐久性に優れた合成皮革のものを使う。

実は、中学2年生のときの試合で、土砂降りのなか新品の天然皮革のグローブで打ったところ、スイング中にクラブが手からがすっぽ抜けてしまい空振りをした。その試合はそれから素手でプレーしたが、以降は滑りにくい合成皮革を使うようにしている。

ゴルフシューズも、最近はジョギングシューズのような軽量タイプで良いものがたくさんあるが、僕は重量感のあるクラシックなモデルを選ぶ。スイングのことを考えると軽いものはどうもしっくりこない。靴のサイドにあるメーカーのロゴも構えたときに気になるため、かかと側に下げる工夫もしていただいた。

靴下は、試合中は5本指が分かれているソックスを履いている。指の爪が曲がっている箇所があり、これなら足の指が傷つかない。

試合中にサングラスをしていることが多いのは、高校生のときにどうやら紫外線が原因で視力が急激に落ちたからだ。

裸眼で0・2ほどしかないので、今はコンタクトレンズをつけているが、度付きのサングラスを使用していた時期もあった。ゴルフを始めたばかりの子どもたちにサングラスはあまり馴染みがないかもしれないが、できるだけ早いうちから眼は守ってほしい。

１００パーセント信頼できるギアをとことん追求するのは、ミスをしたときの原因をスイングに求めるためだ。

道具に不安がない状態で思うように打てなければ、自分の体の動きに問題があるはず。そうすれば頭の中もクリアになって、物事をシンプルに考えられる。

苦しいときこそチャンスがある

2月のウェイストマネジメント フェニックスオープンで、リッキー・ファウラーとの激闘に勝ち、ＰＧＡツアー2勝目を挙げた２０１６年。

周囲も、そして自分自身も、日本人男子初のメジャートーナメント優勝という快挙をはっきりと意識しはじめた。

マスターズも自己最高の5位に入った前年２０１５年大会よりも、この年のほうがターゲットにより近づいている実感があった。

最終日、首位と2打差の3位からというスタートは、グリーンジャケットに手が届くポジションと言ってよかった。

しかし、その最終ラウンドの前日に、僕はこれまでにない危機に瀕していた。

3日目の15番ホール。2オンに成功したあと、8メートルのイーグルチャンスを外し、返しの2メートルのバーディーパットを打つ直前のことだった。

――ガチン。

手が、固まって動かない。

周りからすれば、ほんのわずかな時間だっただろうが、僕にはその数秒がとてつもなく長く感じられた。

それまで〝手が動きすぎる〟ミスはあったが、動かないのは初めてだった。しかたなく、体全体を無理やり動かすようにして放ったパットが決まるはずがない。

次の16番パー3、ファーストパットでも同じことが起こった。

異変は結局、この2回だけですみ、「72」でこの日のプレーを終えた。

フィールド全体で、3日目までの各ラウンドでオーバーパーを打たなかった選手は僕だけだったが、内心は焦りでいっぱいだった。

ホールアウト後にパッティング練習場に向かい、ボールを転がした。緊張感のないシーンでは何の問題もない。

僕はそれを誰にも打ち明けられなかった。

口にしてはいけないような気がしていた。

最終日、「長いパットを打ちたくない」という焦りを抱えたままのプレーは悪循環を呼び、ショットが乱れはじめる。「73」で通算イーブンパーの7位タイ。前日のあの2回のグリーン上での出来事だけが頭を支配していた。

２０１３年の後半に発症した左手親指付近と腰と背中の痛みは、飯田トレーナーの治療によって確実に軽減され、痛みを覚える頻度が少なくなっていった。ときどき、左手首にテーピングを巻く試合もあるが、大事には至っていない。

しかし、一番の問題点、不安は、故障前の「フィーリング」を失ってしまったことだった。スイングがどうもしっくりこない。

自分が理想とする動きができず、理想とするショットが打てない。目いっぱいの自信をもってクラブを振れなくなっていた。

たしかにＰＧＡツアーでも複数回、優勝できたが、本当に気持ちよくプレーできていたのは、むしろアメリカで勝つ前、日本ツアーで賞金王を獲った２０１３年の前半までだった。

自分が求める理想と、目の前の結果は必ずしも一致しない。

幼い頃からゴルフの「内容」を突きつめてきた僕にとっては、「何かがおかしい」という違和感を、タイトルという結果で解消できなかった。

それでも試合はやってくる。体に痛みがあっても、心に不安があっても、毎週、毎日、ティーオフ時刻はやってくる。

今あるコンディションでどうにかする、ゴルファーなら1打でも少なくスコアメークすることが求められる。生活がかかるプロであれば、余計にそうだ。

思うようにコンディションが整わなくても、結果を出さなくてはいけない。

そんな折に心に響いたのが、選手としても監督としても大きな功績を残された、プロ野球の中日ドラゴンズ元監督の落合博満さんの著書『采配』（ダイヤモンド社）だった。同書にこんな一節がある。

〈話はやや逸れるが、スポーツの世界に〝イップス〟という厄介なものがある。ゴルファーが極度の緊張からイメージ通りのショットを打てなくなる状態を指し、それが次第に野球界でも使われるようになった。（中略）

このイップスは医学的にも研究され、一種の病気として治療法もある。だから、私が断定的な言い方をするわけにはいかないが、野球界で言われている大半のイップスは治せるのではないかと考えている。なぜなら、「私はこういう経験をしたので投げられません」という技術のない者の逃げ道にもなっているからだ。実際、ドラゴンズにも同じような症状を抱えている選手はいたが、私はその選手にこう告げた。

「じゃあ、投げられないから試合に出ませんと言っているんだな」

するとと、「試合には出られますが、正確な送球ができないとチームにも迷惑がかかるので」と返してくる。まさに「自分がミスした場合の理由がイップスなのだ」と予防線を張っているわけで、技術の未熟さに対する不安が投げられない原因だと私は解釈した。

「試合に出る以上、どんなミスでも自己責任だ。ミスするのが嫌なら練習して技術を磨け」

イップスを治すには、技術を身につけて自信を得るしかないと、私は確信している。〉

野球好きな僕が、この本を自分で購入して最初に読んだのは、日本からアメリカ進出を本気で志した２０１３年頃だったと思う。この強く、厳しいメッセージは胸に響いた。

体がきついから、調子が悪いから試合に出ないのか。ゴルファーはもちろん自分自身でそういう選択もできるし、そうせざるをえないときもあるが、それぞれの判断でもたらされる結果はすべて自分に降りかかってくる。

ケガを抱えている、スイングがうまくできない、理想に程遠い。でも、そういったなかでなんとかする。うまくいかせるためにどうするかを、いつも考えなければならない。

ゴルフは、きっとそういうスポーツだ。

調子や故障といった自分のコンディションだけでなく、時間帯によって変わる天候や風の強弱、コース上でのボールの飛び方や跳ね方も想定どおりにはいかない。不平や言い訳はいくらでも思いつく。でも、それらも「しかたない」と受け入れてプレーを進めるしかない。

2016年のマスターズ3日目、手が動かなくなった2回のパットは、おそらくイップスの症状だ。

それでも、そこで「打てません」で終わらせるわけにはいかない。

長くゴルフを続けていれば、思いどおりにいかず、投げ出したくなるときもある。けれど、どんな場面でも「うまくなる術を探す努力」を僕は怠りたくない。

てることがある。

「もう、どうだっていい」

スコアメークがままならず、そんなふうに気持ちが切れてしまいそうになることもある。ただ、ゴルフにはそういったときに限って、素晴らしいショットやパットを打てることがある。

その一打を「たまたま」と捉えて忘れるのか、「どうしてうまくいったのか」を深く考えるのかで、その後が大きく違う。

「成功確率がほんのわずか」という類のショットを選んだ結果、やはり失敗したとしても、ひょっとしたら次の一打で自分の隠れたリカバリー能力を発見できたり、あるいは別の能力が引き出されたりするかもしれない。そして、未来の試合で同じような状況がまた訪れるかもしれない。

どんな場面においても、良くなるきっかけやヒントは小さくとも絶対にあるはずだ。だから、僕は周りからは〝キレている〟ように見えるときでも、投げやりになっているようであっても、内面のもう一人の自分が、

「何かを見つけられるはずだ」

とアンテナを張っているつもりだ。

プロゴルファーになってから決勝ラウンドに進めなかった試合が何回もある。

しかし、僕はカットラインから〝遠いところ〟で予選落ちしたことは数少なく、あ

と1打、2打足りずに落ちたという試合が多い。

そして、試合を捨てるように、提出スコアを誤記するなどして失格処分になったことが一度もない。これは僕のプライドの一つだ。

キレてしまった自分に負けるのは、悔しいじゃないか。

その場から逃げ出したくなる状況はいくらでもある。試合の流れから、「頑張っても、どうせ下の順位だ」という日だってある。

でも、そのなかでもなんとかしたい、何かきっかけを見つけたいという気持ちは忘れたくない。毎日、発見が必ずあると信じている。

教材はいつも目の前にある

アメリカに渡ってから、新しい縁、新しい交流をもつことができた。

プロゴルファーでいえば、キャリアにおいて大きかったのが、丸山茂樹さんとの出会いだ。

小さい頃、「マルヤマシゲキ」と「マツヤマヒデキ」の響きが似ているからという理由で、勝手に親近感をもっていた丸山さんは、日本ツアーのスター選手として20

００年から９年間、アメリカＰＧＡツアーで戦った。

２００１年のグレーター・ミルウォーキーオープンをはじめ、通算３勝を挙げて、タイガー・ウッズの全盛期を生き抜いた偉大な先輩だ。

とくにそのショートゲーム、いわゆるアプローチとパッティングの技術は世界でも称賛され、「スマイリング・アサシン（笑顔の暗殺者）」と恐れられるほどだった。

もちろん、本当に怖い人であるわけはなく、丸山さんの自宅があるロサンゼルスで試合が行われるときには、度々、一緒に食事をさせてもらっている。

技術面をはじめ、さまざまな悩みを打ち明けると、「俺はこう思うよ」と、経験に基づいた意見を授けてくれる。

置かれている立場と境遇をわかり合える、頼りがいのある相談相手だ。

おそらく僕は、丸山さんと出会わなければ、いまだにＰＧＡツアーで１勝もしていないだろう。そして、僕はずっと、丸山さんのアメリカでの実績が、日本で軽視されているように思えてならない。それは海を渡って余計に実感したことだ。

丸山さんにかぎらず、どんな人の話でも貴重なヒントが隠されていることがある。

耳にした時点では今一つ理解できなくても、時間が経ってから、

「ああ、こういうことなんだ」

とストンと腑に落ちることがある。記憶に残していた言葉がある日突然、役立ったりするからおもしろい。

誰かに教えを請うことを、僕は躊躇しない。

谷原秀人さんや宮里優作さんといった、海外の試合で一緒になることが多かった先輩はもちろん、若手の後輩プロにもパッティングの考え方を話してもらったり、東北福祉大学のある仙台に帰ったときには、在学生に話を聞いたりもする。

まあ、ゴルフ以外のことはなかなか質問の勇気が出ず、および腰になるときのほうが多いから、自分を「ちっぽけな人間だ」と思うことも多々あるのだけど。

2016年の秋、僕は日本と海外を行き来しながら、立て続けに好成績を重ねた。相変わらず、失った故障前のフィーリングを取り戻そうと必死になっていたが、振り返ってみると10月からの5試合は自分でも圧巻だと思う。

10月　日本ツアー　日本オープン　優勝（埼玉県）
10月　PGAツアー　CIMBクラシック　2位（マレーシア）
10月　世界ゴルフ選手権　WGC　HSBCチャンピオンズ　優勝（中国）
11月　日本ツアー　三井住友VISA太平洋マスターズ　優勝（静岡県）

12月　ツアー外競技　ヒーローワールドチャレンジ　優勝（バハマ）

当時、ショットの復調のきっかけになったのが、日本で、あるベテラン選手の動きに注目したことだった。

10月、埼玉県の狭山ゴルフ・クラブで行われた日本オープンの練習中、ドライビングレンジで一緒になった日本ツアー２勝の兼本貴司さんのスイングに、僕は目を見張った。

兼本さんはプロとしては遅咲きながら、日本人選手としてはパワーに恵まれた選手で、鋭いショットを打つプロとして知られていた。当時45歳にして７番アイアンで２００ヤードの距離を計算していた。これはＰＧＡツアー選手にも引けを取らない。

その頃、グリーン上で球が止まりにくい悩みを抱えていた僕は、自分よりも弾道が高いベテランのショットを見て、思わずスマートフォンを取り出しスイングの撮影を始めた。

大勢のギャラリーが見ている前だったからか、兼本さんは恥ずかしそうに、

「やめてくれ」

と言ったが、僕は聞こえていないふりをした。

２日目のラウンド後に撮った映像を繰り返し見て、３日目からワッグル（構える直

前の手元の動き）を変えた。スイング中に右ひじを締める動きを体に意識させると、ショットが劇的に良くなった。

PGAツアー3勝目、そしてアジア勢初の世界選手権シリーズ制覇となった中国・上海でのWGC HSBCチャンピオンズは、そのショットに、研究を重ねてきたパッティングが嚙み合った。人生でいちばんパットが入った試合、といっても過言ではない。

ハイレベルな選手が集まる欧米のツアーだけでなく、日本にも自分にフィットするかもしれない〝教材〟はある。目の前に転がっている「それ」を見つけられるのは、アンテナを敏感に張っていればこそだ。ヒントはいつ、どこにあるかわからない。

コンプレックスをモチベーションにする

身長181センチ、体重90キロ前後の僕の体格は、日本ツアーでは大きいプロの部類に入るのだろう。

しかし、小さい頃は背も低く、中学校に入学したときは150センチほどだった。アマチュアとしてツアーに出場していた学生時代も線が細かった。

アメリカに来ると、肉体的なコンプレックスをいっそう抱えることになった。周りを見渡して、自分を大きいと思ったことは一度もない。ダスティン・ジョンソンやジョン・ラームといった飛ばし屋の選手を見上げるのはもちろん、僕より身長の低いロリー・マキロイのような選手にも、ドライバーショットの飛距離で置いていかれることが多々ある。自分のパワーはPGAツアーではスタンダードか、それ以下だと早くから痛感した。

ゴルフはボディコンタクトのないスポーツのため、相手の力を〝反作用〟にして利用することはできない。ボールを遠くに飛ばそうと思えば、結局、自分の体の出力を上げるしかない。体が弱ければ、負担に耐えきれず、いずれケガにつながるのだ。

だから、僕は飯田トレーナーの厳しいトレーニングに取り組んできた。試合中は毎日、スタート時刻から逆算し、約4時間前に起床してウォーミングアップを始める。試合中の緊張感に負けないよう、心拍数を上げて酸欠状態にもっていくこともしばしばある。今や、

「ゴルファーに筋力トレーニングは必要ない」

と信じるプロは、PGAツアーはおろか、どの海外ツアーにもいない。

国内のプロゴルフ界では、アメリカに挑戦した日本人ゴルファーは「PGA病」にかかるという話がある。周りのパワーに圧倒されて、「飛距離を伸ばしたい」と思う

うちに力が入り、いつしかスイングを崩して持ち合わせた正確性を失ってしまう病だという。

僕は海を渡った当時、

「松山にはパワーがある。今までの日本人とは積んでいるエンジンが違うから活躍できる」

と評されることがあった。だから、

「PGA病にはかからない」

とも言われた。

でも、それはまったく違う。僕だっていうなれば「PGA病」にかかっている。10ヤードでも前に飛ばしたい、5ヤードでも先に飛ばしたい。そういつも、コンプレックスを抱えている。

ロングヒッターはともかく、小技に定評があるようなパワーに劣る選手にアウトドライブされたときには、フラストレーションが一気に押し寄せる。

それでも僕は、そんなイライラから自分を解放するために、「飛距離では勝負しない」という選択をしてこなかった。

PGAツアー参戦を始めたころ、自分の長所はほかの選手に比べてあまり曲がらないことにあったように思うが、僕はその正確性のさらなる追求と、パワーアップを同時に志した。

どちらかを犠牲にしようとは考えない。今ある弱点、超一流選手たちとの差をすべてのポイントで克服したい。戦う相手が誰であろうと、「彼には追いつけないから、あきらめよう」とは思わない。考え方はずっとシンプルなままだ。

世界のトップレベルにいる選手たちのショットは遠くまで飛ぶ。そして曲がらない。アイアンショットも、アプローチもピンに寄る。パットもよく入る。だから、彼らはそのポジションにいる。

ドライバーショットがダスティン・ジョンソンのように飛んで、アイアンにジム・フューリックのような正確性があれば、どんな試合でも勝てるはずだ。そんな選手はおそらく、黄金時代のタイガー・ウッズくらいだろう。そしてタイガーだって、完璧ではない。

でも、そのあらゆる分野でトップを目指すのは、ゴルファーとして自然なことだ。だから、僕はプロになる前からいつも「時間がない」と焦りながら、毎日を過ごしてきた。

第8章 あの夏の天国と地獄

持ち球と逃げる球

２０１７年2月、ウェイストマネジメント フェニックスオープンを前年に続き2連覇した。

ウェブ・シンプソンとの戦いは、1年前にリッキー・ファウラーと戦ったときと同じような展開になった。72ホールを終えた時点で、トップタイで並び、4ホールにわたるプレーオフの末に決着がついた。

違ったのは、前回のように、相手への声援が圧倒的でなかったことだ。ウェブのホームのアメリカで、彼に飛ぶのと同じくらいの応援があったように感じた。

前年の秋から冬にかけて、各地で立て続けに優勝した実績から、多くのファンに注目してもらえるようになったという実感があった。ＰＧＡツアーでの4勝目は、日本人では最多になった。

しかし、どれだけタイトルを重ねても、僕はいつもどこか不安と不満を抱えていた。

２０１３年の後半に負った故障の痛みは癒《い》えながらも、それ以前のような自分でベストと思えるスイングの感覚が戻らない。来る試合、来る試合、目の前のコースに、なんとか対応しながらプレーを続けていただけだった。

少し、技術的な話をしたい。

ゴルファーはコースを攻略するにあたって、いつもまっすぐボールを打っているようで、レベルが上がるとそれだけでは戦うのが難しくなる。

地面でボールをあまり転がしたくないと思えば高い球を打つし、風や木々に弾道を邪魔されそうなケースでは低い球を打つ。そのホール形状に沿って、ボールを右から、左からと曲げて攻めることもある。

状況に応じてたくさんの球筋を操れることは、強い選手の条件の一つだが、それぞれのゴルファーには〝持ち球〟というものがある。

個々の「軸」と呼べるような球筋で、言い換えるなら「100パーセントの自信をもって打てる」ショットのことだ。

僕の場合は小さい頃から長らく、ドライバーショットの〝持ち球〟は「ドローボール」だった。

右打ちのゴルファーならスイングでインパクトした瞬間に、ボールがターゲットよりもほんの少し右側に飛び出て、途中から左に曲がって落ちていく軌道の球筋だ。

逆に、左に出て右側に曲がって落ちる「フェードボール」も打つことができるが、僕はここぞという場面では、学生時代からドローボールを選んでいた。

故障、とくに左手親指つけ根付近の痛みからスイングの感覚を失って、犠牲になったのはこのドローボールのフィーリングだった。自分が得意としていた軌道が思うように描けない。打てなくはないが、どこかかつての気持ちよさがない。「昔とは何かが違う」と思ってばかりいた。

たまに感触をつかんだと思っても、すぐに逃げていってしまう。その繰り返しが何年も続いていた。

PGAツアーにデビューし、実績を重ねるうちに、僕はついに周囲から「フェードボールヒッター」と評価されるようになった。

気分は必ずしも良くないが、ただ、ある意味では正解だった。ドローボールをうまく打てなくなった僕は、フェードボールの精度を高めることでゲームをつくっていた。理想とは違うが、試合はやってくるし、結果を残さなければこの世界で生き残れない。体の動きを変えて、フェードボールで狙いどころに落とすテクニックを覚えた。

誤解しないでほしいのは、これは善し悪しの問題ではない。ゴルフの世界には素晴らしいフェードボールを軸にするトッププロもたくさんいる。世界ランキング1位に長く君臨したダスティン・ジョンソンはその一人だ。

ドローボールの感覚を取り戻そうと毎日必死になりながら、僕はここぞという場面で、本来の持ち球ではないフェードボール、別の表現にするとスライスボール、こすり球といったショットで逃げることを覚えた。困ったときにはこのボールを使えばいい。ダスティンが放つような力強い弾道とは似て非なるものだが、

「飛距離はある程度出ているし、これを突きつめればいいかな」

と、ドライバーショットは安全に、２打目以降のアイアンショットでチャンスをつくるゴルフを主軸にして、勝利を積んでいった。

あの夏の天国

理想とは違うショットを繰り返しながらも、アメリカでの戦いに没頭する日々は変わらない。それに好成績を続けていれば、胸のつかえも多少は取ることができた。

２０１７年、僕は「世界ナンバーワン」にかぎりなく近づいた。

春先の公式世界ランキングで4位となり、６月には2位に上りつめた。

直前、ウィスコンシン州エリンヒルズでの全米オープンで、メジャー大会での自己最高成績である2位タイに入った。

14位タイでスタートした最終日に、全選手のうちベストスコア「66」をマーク。優勝したブルックス・ケプカには届かなかったが、

「いよいよメジャーで勝てるかもしれない」

という実感もプレー中にはっきりと湧いた。

世界ランク2位の称号は素直に嬉しかった。

当時、トップにいたのはダスティン・ジョンソンで、自分がロリー・マキロイよりも、タイガー・ウッズよりも上にいる、世界で2番目に強いという一つの評価は光栄だった。

ただし、このランキングについて僕は、技術的な評価とは一線を画すものだと理解している。前述したように、各大会の出場権を得るためには重要な指標だが、「2位の人が世界で2番目にうまい」とは考えていない。選手の調子には波があり、世界ランクは過去2年の成績をただ数値化したものにすぎないからだ。

もしも、全選手が同じタイミングで絶好調で、同じ期間を戦ったら、僕はとても世界2位になんかなれない。ロリー、タイガー、フィル・ミケルソン、ジャスティン・トーマスといったスター選手たちよりも低いレベルにいるといつも考えている。

あるいは、かつて世界ランク1位に輝いたベテランのルーク・ドナルドやリー・ウェストウッドといったプロについても、当時のプレーを見ると、自分よりもはるかに素晴らしいパフォーマンスをしていたように感じる。

世界ランキングの指標は、〝最大瞬間風速〟のようなものだ。

だから、逆に自分よりもランクが上の選手について、「アイツには負けていないはずだ」と思うケースもある。

仮に、現行の世界ランクとは違う本当の、総合的なゴルフの技術を示すランキングがあったとしたら。自分は30位か40位、いや、50位にはなんとか入れると期待したい。

２位に入った全米オープンから１カ月後、全英オープンでも優勝が狙える位置でプレーした（5位タイで迎えた最終日、１番ホールで第1打をＯＢにして結局14位タイ）。ＰＧＡツアーのシーズンは終盤戦。イギリスから帰ってきたアメリカで、夏場のビッグトーナメント２連戦に臨んだ。

8月のＷＧＣブリヂストンインビテーショナル。２０１３年に初めてタイガー・ウッズとプレーし、目の前でスコア「61」のプレーを見せつけられた試合だ。

その頃、グリーン上で不調だった僕は、アメリカのメーカー担当者に新しいパターを用意してもらい、感触の良さからグリップだけ変更して試合で使ってみることにした。実際にスタートすると、これが本当によく入った。

初日、２日目と一緒にまわっていたダスティン・ジョンソンが思わず、

「そのパター、見せてよ」

と近づいてくるほどだった。

ショットの調子は1打ずつ違う状態で、3日目を終えてトップとは2打差にいたが、とても優勝を狙えるような実感はなく、フラストレーションをためていた。

イライラはその翌朝に爆発する。最終ラウンドを前にしたスタート前の練習がメチャクチャだった。ボールがクラブの芯に当たらない、短いアプローチもうまくいかない。好調だったはずのパットも狙いから右へ、左へ。

せっかく逆転可能なポジションにいるのに大崩れしはじめた。近くで見ていた進藤キャディーも、飯田トレーナーも、

「終わったな」

と、その時点で思ったという。

1番ホールでユーティリティーでのティーショットを左に引っかけた。だが、そのときに急にひらめいたことがあった。すべてのショットにきちんと向き合って考えていれば、道が突然、開けることがある。頭の位置と動きのリズムとが、良いときと違っていた。

「ここに気をつければ、もう大丈夫だ」

そう思った矢先の2番パー5でチップインイーグルを奪い、スコアを伸ばす起爆剤になった。

アスリートが極限の集中状態に入り、驚異的なパフォーマンスを発揮する「ゾー

ン」という表現がある。

周囲の声が聞こえなくなったり、ボールが普段よりもゆっくり見えたり、大きく見えたりするという。僕には、あの18ホールがゾーンに入っていたかどうかはわからない。それぞれのプレーも、頭の中も冴えている感覚があり、意識ははっきりとしていたし、警戒心も強くもっていた。

優勝争いをするなかで、この試合は一つ普段と違う行動を試してみた。

コースに設けられているリーダーボードで、ほかの選手の成績を見ないことに決めていた。僕は普段、勝つためには相手との差、自分のポジションをできるだけ把握しながら、都度やるべきことを判断してプレーすべきだと考えている。

だが、このときばかりは、スタート前の不調から自分の状態を上げることだけに集中しようと考えた。翌週のメジャー、全米プロを見据えてのことでもあった。

終盤の16番ホールに入ったところで、いったんティーイングエリア近くのトイレに寄った。ところが、扉を開けて顔を上げると、視界に電光掲示板が飛び込んできた。

「しまった」

そう思って眺めたスコアボードで、僕は単独トップに立っていた。

もうあとは、伸ばせるだけ伸ばしてやる。血がたぎった。残り3ホールでバーディーをあと一つとれば勝てる戦況ではあったが、

「3連続バーディーならタイガーと同じだ」

とすぐに思った。あの日、タイガーが見せてくれた「61」のスコアを目指した。

狙いどおり16番、17番とバーディーを決め、最終18番パー4のティーイングエリアに立った。左からの弱風を感じ、左サイドにターゲットを絞る。

「300ヤードのキャリーを出せばフェアウェイに行く」

渾身のドライバーショットは左右に曲がることを知らない、人生で一番のストレートボールだった。

2打目の残りは95ヤード。ウェッジでスピンをかけて、カップに入れることを考えていた。イーグルなら「60」だ。だが、そこまで思うようにはいかない。ピンそば2メートルにつき、バーディーパットを沈めて「61」。たった1日のスコアではあるが、あのタイガーに並んだ。

そういえば、優勝だ。スコアを提出するとき、ほかの選手が両手を上げ、ひれ伏すポーズをして「おめでとう」と祝ってくれた。

アマチュア時代の2011年に初めて出場したPGAツアーで、ちょうど出場100試合目のことだった。

あの夏の地獄

ＷＧＣブリヂストンインビテーショナルで世界選手権シリーズ2勝目、ＰＧＡツアー通算5勝目を挙げた夜、僕たちはあわただしく次の会場に移動した。オハイオ州のアクロンからプライベートジェットで飛ぶこと約2時間、目指すはノースカロライナ州シャーロット。

２０１７年のメジャートーナメント最終戦、全米プロが行われたクエイルホロークラブは、毎年別のツアー大会、ウェルズファーゴ選手権が開催され、僕も何度も出場していたことから馴染みのあるコースだった。

その晩はいつも立ち寄る日本食レストランが、わざわざ試合後の僕たちを迎えてくれた。ちょうど同じ連戦スケジュールを組んでいた谷原秀人さんのチームと一緒だったから、優勝の祝杯にビールの1杯でもといったところだが、僕は目の前に迫るメジャーに向けて気持ちを緩ませたくなかったので、その日はお茶ですませた。

翌月曜日にさっそくコースで練習を始めた。

「61」を出した次の日ということもあり、それまで以上にサインを求めるファンが多くいた。自分でも高揚しているのがわかる。

アメリカの多くのメディアでも優勝の筆頭候補に挙げられ、勢いづいた僕のプレーは難しいメジャーのセッティングにも通用した。第2ラウンドを終えて首位タイ。上位でプレーした3日目は夕方に雷雲がコースを覆い、ラウンド中に1時間42分の中断もあったが、動じることなくリズムを持続させていた。

この日までの各スコアは「70」―「64」―「73」。爆発力も、ピンチをしのぐ忍耐力もある。54ホールを終えて首位に1打差の2位タイと絶好の位置に僕はいた。

最終日前夜。精神はハイになっていた。緊張から、体にも普段以上の疲れを感じる。なかなか眠れなかった。

ついに、メジャーで勝てるかもしれない。日本の男子選手として初の快挙が近づいている。今までいちばん大きいチャンスと言って間違いない。ショットもパットも悪くない、十分に戦える。大丈夫、うまくいっている。明日もうまくいくはずだ――。

「本当か?」

ようやく睡魔が襲ってきたとき、もう一人の自分がささやいた。何か引っかかる部分が頭の片隅にあった。

99パーセントの自信がある。だが残りの1パーセントが、日曜日に崩れる自分を想像させた。

「考えたらあかん、考えたらあかん」

寝つきが悪いまま、ベッドの中で朝を迎えた。

運命の最終ラウンド、僕は最終組の一つ前の組でアメリカのジャスティン・トーマスとプレーした。

ジャスティンは年下だが、ショットからパッティングまであらゆる技術においてトップクラスといえるオールラウンダーで、彼もメジャー初タイトルが待たれる選手の一人だった。

緊張感を覚えながら、全米プロの優勝者に贈られる大きなワナメーカートロフィーを眺めてスタートした。

ティーオフ直後から、「変だな?」「いや大丈夫」。1打ごとに自分と対話しながらホールを進め、6番からの2連続バーディーで僕は単独トップに立った。

折り返しの9番ホール、同じ組のジャスティンが長いバーディーパットを入れてギャラリーから歓声が上がった。僕はパーでしのぎ、1打リードして運命のサンデーバックナインに入ったが、周囲の盛り上がりが少し気になっていた。

パー5の10番、6メートルを流し込んでバーディーを決め返した。続くジャスティンのバーディーチャンスは2・5メートル。すると、グリーンを転がるボールがカップの左フチで止まってしまった。

しかし、彼が苦笑いして残念がっていること数秒、ボールは突然、重力を思い出したかのように、穴に消えた。

「ウォオオオ!!」

珍しいシーンに周囲の大観衆は大騒ぎになった。そもそも僕はジャスティンのパットはきっと入るものだと思っていたし、1打のリードも守っていた。しかし、一瞬にして彼の味方が増えたように思えてならなかった。


嫌な雰囲気を感じて迎えた11番、ドライバーショットは完璧だった。

2打目は残り151ヤード。ボールはフェアウェイにあってライも良い。わずかなフォローの風が吹いた場面で、ピッチングウェッジを握った。

打つ瞬間、頭にいくつか悪い予感がよぎった。

「グリーンをオーバーしないだろうか」

「ボールがしっかりグリーンで止まるだろうか」

「思わぬ跳ね方をして奥に行かないだろうか」

インパクトで一瞬、スイングが緩んだ気がした。放ったショットは狙いよりも右に飛び、グリーン手前のラフに落ちた。

「なぜ、こんな簡単なショットでミスをしたんだ」

感触はそこまで悪いものではなかった。ボールが飛んだ先のラフもそこまで悪いエリアではなかった。だが、僕は首位にいたにもかかわらず、自分の異変と周りの雰囲気の変化をやけに敏感に感じ取り、急に追いつめられた気分になった。

「まあ、しかたない」

そう気持ちを切り替えられていれば、あとの展開も変わったかもしれない。だが、そうできなかった。アプローチを寄せたあと、１メートル強のパーパットを外した。流れが悪い。外に発散できない不安が、くすぶったまま、どんどん蓄積していく。続く12番ホールでティーショットを左のラフに入れてボギーにした。パー３の13番ホールは６番アイアンの第１打を大きく右に曲げるミスをした。

数十分あまりのうちに３連続ボギーをたたき、入れ替わりで首位に立ったジャスティンを追う展開になった。

14番も、15番も、あきらめはしなかった。もう一度流れがくれば追いつける、逆転できる。信じる気持ちは失わなかった。しかし、相手はそれ以降も、鋭いショットとそつのないプレーを続けてリードを保った。

３打差をつけられて迎えた最終18番、僕のドライバーショットは左サイドの小川に入った。事実上の〝ゲームセット〟といえたが、１打のペナルティーを加えたあとの第3打もカップインを狙った。

ジャスティンが第1打を右サイドのバンカーに入れていたから、ダブルボギーの可能性もある。僕がバーディーをとれば追いつける。

200ヤードもあるショットだ。現実的ではない。狙って入る距離じゃない。でも、ここで攻めないという考えはなかった。

グリーンの形状、カップが切られた位置も頭には描けていた。6番アイアンでほんの少し右側に打ち出したボールが、ピンに向かっていく。手前1メートルでバウンドしたボールは、それをかすめて奥のラフにこぼれた。


大きな拍手に包まれたグリーン上で、メジャー初優勝を飾ったジャスティンに対し、僕は心から「おめでとう」と声をかけた。メジャータイトルにふさわしい選手だと思った。彼を育てたティーチングプロの父マイクさんも、普段からPGAツアーの会場で顔を合わせては親しげに挨拶をしてくださる方だから、余計に祝福したかった。

でも、悔しさがこみ上げてくるのがわかった。

頭に最初に浮かんだのは、11番ホールの2打目のミスのことだった。手中にあったゲームの流れを自分から手放してしまった。

テレビの取材を受けているあいだ、インタビュアーの、

「夢を見させてくれてありがとう」

という気遣いの言葉で、僕は何も言えなくなった。泣きっ面は見せたくなかったけれど、もちこたえていた涙腺が決壊した。

「頑張ったよね」

いや、違う。あの状況で勝てなかったら、頑張ったとは言えないんだ。もっとやれたはずなんだ。自分の限界がここであっていいはずがない。ありがたいはずの優しい言葉に、胸がえぐられるような思いがした。

「メジャーで勝てる人になりたい」

勝ったジャスティンと、負けた自分との間に引かれた１本の線の正体は何なんだろうか。駐車場まで歩くあいだ、通訳のボブ・ターナーさんは何も言わず、そっと肩をたたいてくれていた。

向こうに、一緒に出場していた先輩の谷原秀人さんの顔が見えた。まだコースに残ってくれていたとは思わず、焦って涙を拭いた。泣きじゃくったあとの顔で対面するわけにはいかない。

「ああ、負けました！　帰ろう!!」

笑顔をつくるのに必死だった。

第9章　苦悩の3シーズン

試行錯誤の日々

自分には何が足りないのか。

全米プロで敗れ、シャーロットから自宅のあるフロリダ州オーランドに向かう飛行機の座席で考えていた。

思い当たる節はあった。サンデーバックナインで首位にいながら、後退のきっかけになった11番ホール第2打の直前。一瞬だが、自分に迷いが生じた。

それはなぜだったのか。

なかなか眠れなかった最終日の前夜、ふとした瞬間に不安が顔をのぞかせた。自分のゴルフへの不安、なかでも「ショットへの自信のなさ」が影響しているのだと、あらためて思った。

２０１３年に故障をしてから失ってしまった感覚。

右に飛び出し、左に曲がるドローボールを放つスイングのフィーリングを取り戻せないまま、僕は〝ここぞ〟という場面で本来の持ち球とは違う、右へ流れるフェードボールを使うようになっていた。

その傾向は、タイトルを重ね、世界ランキングで１桁を維持していた２０１６年の後半から2017年にかけて顕著になった。

　ほかの選手と同じフェードボールを打っているようでいて、体の動きでいえば、全身の回転がしっかり効いたスイングではなく、〝小手先で合わせて〟打っているようなものだった。

　1日すべてのホールで、このフェードボールを使うわけではない。あくまで、しっくりこないドローボールを基本にしていたが、ただ1球でも逃げる球を打つと、

「また使ってしまった」

と多用しているような感覚に陥った。

　たとえば、2位になった2017年の全米オープンのときでさえ、本来なら右から曲げたい場面で、不本意にもフェードボールを選択した12番ホールのことが頭から離れなかった。

　自分は困ったときに逃げている。

　いくら好成績を出しても、その〝後ろめたさ〟を突き放さないかぎりは、肝心な場面で迷いが生じてしまう。100パーセントの自信をもったプレーができない。一番の問題はドライバーショットだが、その不安はほかのクラブにも伝染する。

　そして、メジャーでは勝てない。全米プロでそう思い知った。

　もう一度、つくり直そう。

自分の自信のなさ、プレー中の不快感を解き明かし、消し去らなくてはいけない。

「なんとなくやって、うまくいっていた」

そういったあやふやな状態、心構えをやめよう。100パーセントの自信がある〝持ち球〟を打てるようになろう。

まずは故障する前、2013年の感覚を取り戻すことを考えた。

できないかもしれないけれど、新しく課題に取り組むことで、別のより良い感覚が生まれる可能性もある。まったく同じでなくても、大事な局面でも揺るぎないものを自分でつくり上げればいい。


だが、その決断は、長い迷宮への入り口だった。

スイング、クラブ、考え方、あらゆる点を見直した結果、成績は低迷していった。

全米プロ直後のPGAツアーの2016―17年シーズン終盤戦、フェデックスカップ・プレーオフシリーズは散々な出来だった。

全4戦のシリーズにポイントランキング1位で入りながら、最終戦のツアー選手権終了時には8位に低迷した（1位をキープしていれば、年間王者のタイトル、1000万ドルのボーナスをゲットできた）。

何をやってもうまくいかない。練習に一生懸命に取り組み、それまでとは違う感覚を求めたが、気持ちがどうにも入らない。ついには体にも悪影響が及んだ。

プレーオフシリーズを終えた直後のザ・プレジデンツカップ。アメリカ選抜と世界選抜の2年に一度の対抗戦はその年、ニュージャージー州のリバティーナショナルゴルフクラブで行われた。団体戦でエース級の活躍を求められていた僕だったが、2日目の夜に体調を崩した。

翌3日目、世界選抜のキャプテン、ニック・プライスには午前と午後の2ラウンドをプレーすることを求められたが、午前中は休ませてほしいと断らざるをえなかった。宿泊していたマンハッタンのホテルからコースまでは、自由の女神を目にしながらフェリーで向かう。船内でもコンディションが回復する様子はない。僕は午後のスタートまで会場内の個室に設けられたベッドで寝込んでいた。

最終日のマッチプレー個人戦でジャスティン・トーマスとぶつかった。全米プロでメジャー初優勝を譲った相手だ。体がふわふわして足元がおぼつかない状態でもなんとか勝ちを拾ったが、総合成績でチームは敗れた。

試合を終えて日本に帰る直前、僕は回復したが、機内で進藤キャディーが、体の震えが止まらないと言っていた。帰国から数日して飯田トレーナーも体調を崩した。病院での検査結果はインフルエンザ。おそらく、僕のせいだ。

何をしてもうまくいかないときもある

2018年2月、僕は大会3連覇をかけて、ウェイストマネジメント フェニックスオープンに出場した。

スイングに昔の感覚をよみがえらせるための取り組みを続けていたが、年明けの試合もどうもすっきりしない日々を送っていた。

アリゾナ州のTPCスコッツデールは得意コースで、ここでは毎年のように長時間の練習を行っていた。砂漠地帯の乾燥した空気に包まれながら、開幕前日までドライビングレンジで打ち込みを続けていると、ヒントがつかめそうな兆しがあった。

ところが、初日のラウンド中、開始4ホール目で異変を感じた。

左手の親指が痛い。2013年末に痛めた〝古傷〟とはわずかに違う箇所、手の平に近い部分に感じた初めての痛みだった。ただ、その日はなんとかホールアウトし、復調のきっかけにつながりそうなショットの良い感触もあったため、痛みさえ取れれば2日目以降も好プレーができそうな予感がしていた。

しかし、翌朝のスタート前、左手一本でクラブを上げることすらできなかった。無理やり両手でトライしたが、いつもは200ヤード以上の距離を打つ6番アイアンで

130ヤードしか飛ばせない。直感的に、

「このまま続けて、もしも〝爆発〟したら、もうゴルフはできなくなってしまう」

と思った。３連覇への道は途中棄権というかたちで断たれた。

日本に緊急帰国した僕は、飯田トレーナーと数カ所の病院をまわり、痛みを感じた箇所だけでなく、肩や腕、全身をくまなくチェックしてもらった。原因が特定されなかったこともあり、血液検査のほか脳のＭＲＩ検査まで行った。

じきに痛みは取れ、診断名は「左母指ＭＰ関節側副靱帯の炎症」というものだったが、原因はかぎりなく不明に近く、いつこの痛みがまた出るかという怖さを抱えることになった。

1カ月半の戦線離脱を経て、ツアーに復帰すると、また一からのやり直しになった。スイングの感覚を取り戻す作業に費やす時間だけが過ぎていく。

その年のマスターズを終えてからは、クラブに着目し、ドライバーの選定に必死になった。

インパクト直後にいったん右に出て、途中から左に戻ってくる理想的なドローボールを打てるものが欲しい。

もう一つ、優勝を重ねていた時期に武器になっていた〝逃げる球〟である左から右に曲がるフェードボールも打てるものが欲しい。

その両方を兼ね備えたドライバーを求め、あらゆるメーカーの担当者にお世話になった。

だが、長年の悩みは道具だけで解決するものではない。

あらゆるクラブを試合で使うようになった結果、左右の曲がり幅は大きくなり、突発的にとんでもないミスショットが出るようになった。それも意図的に操れるのなら問題はないが、ドローを狙ったのにフェードになったり、またその反対になったりと、いわゆる〝逆球〟にも悩まされた。

その年、3月にツアーにカムバックしてからトップ10に入るまでには、約半年を費やした。

心の環境を変えてみる

うまくいきそうな期待がすぐに砕かれる。

前進できそうで実は後退している。それを繰り返す日々だった。優勝できそうな手応えがなかなか湧いてこない。PGAツアーの6勝目を遠くに感じるようになってから、結果の部分での支えはシーズン最終戦に残ることだけだった。

プレーオフシリーズを締めくくるツアー選手権は毎年、年間ポイントレースのフェデックスカップポイントランキングの上位30人しか出場を許されない。

1試合も優勝できなくても、各大会の順位に応じたポイントを重ねていけば進出の可能性がある。僕はＰＧＡツアーに本格参戦した初年度の２０１４年から毎年、この最終戦のフィールドに残り続けてきた。

胸を張れる記録の一つだ。２０２０年まで7年以上連続でツアー選手権にたどり着く権利を得た選手は、僕のほかに二人しかいない。

「30人」に入る厳しさは、理解されにくいかもしれない。群雄割拠のＰＧＡツアーは毎年、生きのいい若手選手が次々と現れ、スター選手であっても成績次第で影が薄くなっていく。

僕もその恐怖に脅えながら戦ってきた。優勝から遠ざかったことで、ネットの反応も厳しくなっていったが、勝てない自分を評価できるのは、この「最終戦進出」の事実以外なかった。

「理想には程遠い。でも、30人に残ったんだから許してあげよう」

厳しい目で自分を戒《いまし》める日々の唯一の拠り所だった。

大きな目標に対してうまくいかない時間が続いても、自分なりにハードルを設けて、それを越えていくことは前進のために必要だと思う。

どんな分野に生きる人も、決して一人で戦ってはいない。目標に向かい、想いを一緒にして同じ道を歩む仲間が必要だ。

とくにゴルファーは試合のラウンド中、「プレーヤー自身のキャディー以外の人にアドバイスを与えたり、もらったりしてはならない」とルールで定められている。

プロに転向する前の年、2012年秋に初めてタッグを組んでから、あらゆる国でプレーする僕の隣にはいつも進藤大典キャディーがいた。

一まわり年上だが、明徳義塾、東北福祉大学の先輩にあたる大典さんは、兄のいない僕にとって、頼れる〝お兄ちゃん〟のような存在だった。かつて宮里優作さん、谷原秀人さんのサポートでPGAツアーの試合に出向いた経験もあり、多くのことを教わった。

しかし、世界中で苦楽をともにしてきた仲は、時間とともに少しずつ変化した。実績を重ね、僕自身に求めるものが多くなると、プレー中にフラストレーションをためることが増えた。

自分が反省すべきところでも意地になって、怒りの矛先を大典さんに向けてしまう。別のキャディーさんにスポットでバッグを担いでもらうこともあったが、大典さんと再度コンビを組んでも新鮮味は互いに湧いてこなかった。

僕の甘えが原因だと思う。スイングの取り組みに成果を感じられず、何かにつけて悪いことを人のせいにしてしまう。自己中心的な態度がエスカレートしていく自分を感じていた。試合中にキャディーとの会話が減ることは、ゴルファーにとってマイナスに働く。そして、コースを離れたときの大典さんとの人間的な間柄にも、ヒビが入りかねない。

別れの時だった。

その年の終わり、僕らは6年にわたる専属契約を解消した。

大典さんの後を継ぐキャディーに選んだのは、後輩の早藤《はやふじ》将太だった。

僕が明徳義塾中学校の3年生になったとき、新入生としてゴルフ部に入部してきた将太は、僕のあとを追うように明徳義塾高校、東北福祉大学に進学した。出会った頃は何をするにもちょこまかちょこまかと絡んでくる〝ウザい後輩〟だったが、弟のような存在に変わったのはいつからだろうか。

将太は大学卒業後、プロゴルファーになった。しかし、日本ツアーでプレーするための予選会を通過できず、中国でもプレーしたが3年あまりで職場を失い、プロとしての将来をみずから閉ざした。彼自身、もともと社会に出たときに、

「25歳までにツアープロとして芽が出なかったらやめる」

と決めていたこともあり、僕はそのタイミングで「キャディーをやってほしい」とオファーした。

将太にはプロキャディーとしての実績はないが、自分と同じプロゴルファーとしての目線がある。大典さんとはまた違う角度からのアドバイスをもらえるのではないかと考えた。

飛距離は僕に匹敵するものもあるため、

「残り180ヤード、風が右から吹いている。お前ならどうする?」

そう思いを重ねて問うこともできる。PGAツアーの各コースへの知識は僕がキャリアで蓄積してきたものがある。話をしながら理解を深めることを第一に考えた。

縁とタイミングが重なり、僕のキャディーバッグは、先輩から後輩に託された。本当に苦しい時期に、人と人との巡り合わせに恵まれた。

運とは何か

メジャータイトルを逃した全米プロを終えてから2年ほどたった2019年。優勝の2文字は相変わらず遠いままだった。

自分の理想に近いゴルフを、100パーセントの自信をもって打てるショットを、もう一度つくり上げようと目指したのが大きな原因だった。

考えてみれば、たしかにその時点のゴルフを継続させるやり方もあっただろう。

全米プロは、ただ流れが悪かった、相手のジャスティン・トーマスが一枚上手だった、僕に「運」がなかったと割り切ればいい。最終日の11番ホール第2打のミスショットはたしかに痛恨だったが、あのあとのリカバリーがうまくいって、パーを拾っていれば結果は変わっていたかもしれない。同じことを続ければ、またチャンスが来る。けれど、僕はそうは考えなかった。いや、考えられなかった。

たしかに、ゴルフは運と不運がゲームを大きく左右するスポーツだ。だからこそ、「不運だったからしかたがない」と割り切らざるをえない状況も多々ある。

でも、運や試合の流れを引き寄せるのは自分だと考えていないと、毎日の練習に意味をもたせることができなくなる。時には闇雲に、何も考えずに打つショットがカップインすることもあるだろうが、それが何度も続くとは思わない。

その年の秋、僕はスイングのアドバイスをもらうため、秘密裏に何人かの指導者のもとを訪ねた。

ヨーロッパの多くのトップ選手が師事するプロコーチ、ピート・コーウェン氏には以前から試合会場で相談に乗ってもらっていたが、タイガー・ウッズの元コーチとしても知られるブッチ・ハーモン氏にも教えを乞うた。10月初めのネバダ州ラスベガスでの試合直前のことだ。その翌週には、ゴルフスイングを研究する大学教授ヤン・フー・クォン氏に話を聞くためテキサスにも飛んだ。

コーウェン氏も、ハーモン氏も、

「2013年のスイングが良い」

と分析してくれた。自分が考えていた方向性はやはり間違ってはいないと思えた。ただ、そこに近づくための術、授かったアドバイスはしっくりこない部分もあった。

「フィーリングは少し違うが、求めるショットは出始めている。でも……」

有益な教えであることは理解できたが、心が定まらなかった。

翌2020年に入っても試行錯誤が続く。

自分の内面の声を聴きながら、復調の道筋を探っていた。

マスターズを1カ月後に控えた3月、少し自信が戻りかけていたザ・プレーヤーズ選手権で、僕は初日にコースレコードに並ぶ「63」をマークし、首位で4日間の大会を滑り出した。

しかし、その夜、アメリカ全土でいよいよ始まった新型コロナウイルス感染拡大の影響で大会中止の連絡が入った。

結局、シーズンはそれから3カ月間の中断を強いられた。「63」のスコアも、首位スタートも幻になった。

「運が悪い」といえばそれまでだ。ただそうは言っても、2日目以降も好調が続いた保証はない。

僕の生きる世界では、それも実力のうちと考えるしかないのだ。

新型コロナウイルスのパンデミックにより、僕らは3月下旬にアメリカからあわてて帰国した。

突然できた3カ月のオフのあいだ、自主トレで両足のハムストリングに肉離れのようなケガを負うなど、落ち着かないまま6月のシーズン再開を迎えた。

コロナ禍で再スタートしたツアーの様子は様変わりしていた。毎週の大会前に各会場でPCR検査を行い、コース外では店内での食事を禁止され、テイクアウトが徹底された。馴染みの日本食レストランや韓国料理店、ステーキハウスにも足を運べない。日々の外食は〝ハズレ〟を引くこともあるが、それもまたチームの会話のネタにもなり、気分転換の一つだったのだと機会を失ってあらためて実感した。

なにより、再開当初は無観客で試合が行われたことが寂しかった。

ギャラリーの前でプレーすることがプロゴルファーの醍醐味だ。閑散としたコースでのラウンドは、まるでプライベートでプレーをしているようで、スコアメークにも影響が少なからずあったと思う。

スーパーショットを打っても歓声がなく、どこかやりきれない。

それ以上に、プレーがうまくいかないときが問題だった。

ファンの視線がないと思うと、精神的に踏みとどまるのが難しくなる。プロスポーツは観る人あってこそだということを痛感した。

スイングコーチとの出会い

そんな寂しさを感じながら進行した２０２０年の夏場も、スイングの好感触をつかんでは離し、離してはつかみを繰り返していた。

プレーオフシリーズの８月末のＢＭＷ選手権で、久々に優勝争いを演じて３位に入ったが、以前のような〝勝ちゲーム〟の雰囲気は感じられず、「とにかく耐えて上位にいただけ」という内容だった。

根本で解消されないまま、心に居座っている悩みがどこか引っかかる。目指す形は悪くないはずだが、少し違う気がする。

体の動き、クラブの動きとボールの軌道がどうもマッチしない。細かく言えば、アイアンショットは良くても、軸となるドライバーショットが、１００パーセント信じられるものではなかった。

秋開幕の２０２０—21年シーズン、最初の出場試合になった９月の全米オープンを終えて、僕はいったんオーランドの自宅に帰った。

その年の初めから住友ゴム工業（ダンロップ）で用具サポートを担当してくださっている宮野敏一さんとオフの週を過ごすあいだ、ひょんなことからある人物と連絡を取ることになった。

ちょうどその頃、ショットとは別にパッティングに悩みを抱えていた。ヒントを探し、宮野さんに紹介されたのが、レッスンプロの目澤秀憲コーチだった。

僕は普段から日本のゴルフ雑誌やインターネットサイトを介してゴルフの情報を収集しているから、彼の名前も知ってはいた。一つ年上で、学生時代は日本大学ゴルフ部に在籍し、同じ試合に出場したこともある。数年前にアメリカのインストラクター養成のプログラム、ＴＰＩ（タイトリスト・パフォーマンス・インスティテュート）レベル３の資格を取得し、日本の男女のプロゴルファーを指導されていた。

アメリカは夜に差しかかり、日本は朝の通勤時間帯。オンラインでつながり、スマートフォンの画面の向こうの目澤コーチに挨拶した。

最初は本当に、オフウィークの〝軽いノリ〟のつもりだった。ところが、話はどんどん真剣になり、1時間あまりの長電話になった。

それから1カ月後の10月中旬、契約する女子プロ河本結選手の指導のため渡米した目澤コーチと、僕はラスベガスのPGAツアーの会場で実際に対面した。

幼い頃にクラブを授けてくれた父を除けば、僕はプロゴルファーをはじめとした周りの方に一時的なアドバイスをもらうことはあっても、ゴルフの指導者らしい指導者に一定期間みっちりと教わるということをしてこなかった。

自分なりに培ってきたスイング理論には自信があったし、その追求はライフワークでもあった。なにより自分のスイングをいちばん理解しているのはこの僕で、僕の悩みのすべてを共有できるコーチなどいないという気持ちもあった。少なくとも僕のスイングを語る範囲においては、どんな人をも論破してしまうだろうと考えていた。

ところが、会話を重ねるうちに、目澤コーチはしっかりと反論するだけの言葉と、僕にはない知識をもちながら、僕の考えを受け止めていることがわかってきた。

連絡先を交換して帰国されてからも、アメリカの練習場にいる僕と毎日、テレビ電話を通じたレッスンにつきあってくれた。

彼はまず、熱心な人だった。

そして、レッスンプロがそれぞれもつ〝教えの型〟にはめ込むような指導者ではなく、それぞれの選手に適したスイングや目指すゴルフを、一緒に模索しながら、そのためのヒントをくれる人だった。

自分自身との対話

僕はプロ1年目の2013年の後半に、左手の親指や背中、腰のケガを経験して以降、ドライバーショットの〝持ち球〟にしてきたドローボールが理想とかけ離れるようになり、〝ここぞの場面〟をフェードボールで乗り切って優勝を重ねてきた。

そして、2017年に全米プロで敗れ、もう一度、かつてのドローボールのフィーリングを取り戻そうと必死になってきた。

ところが、目澤コーチは、僕が頭に描くドローボールについて、こう言い切った。

「理論上、今の松山英樹のスイングでは打てるはずがない」

彼もやはり「2013年のスイングが良い」と考えていたが、年月を経た結果、それは僕の気づかぬところで変化してしまったと評した。

さらに、かつての感覚を呼び覚ますためには、根本からスイングの考え方を覆さなければならないとも言った。

受け入れがたい助言だった。彼の言うことも理解できたが、僕は自分の経験と照らしたうえで反論した。彼が知る最先端の情報と、僕が積み重ねてきた実体験からくる考えを長い時間ぶつけ合った。

2013年に故障を経験し、「ドロー」を基本にしながら、重要な局面で「フェード」を扱うようになってから、僕のスイングは腕を上から下に振り下ろし、クラブをボールに叩きつけるような動きに変わっていた。試合を重ねるたび、何発ものミスショットを打つたびに考え、結果的に導き出されたスイングの変化だった。だから、僕自身は〝進化〟として捉えていた。

しかし、解析されたスイングのデータを見た目澤コーチは、

「今のままでは、頭に描くドローボールは打てない」

と譲らない。僕が本来持ち合わせていた自然な動き、小手先ではなく体全体を、より大きな筋肉を使ったスイングをしなくては昔には戻れない。

アナログの僕のフィーリングを、デジタルの世界に落とし込んでそう説明した。

激論を交わすうちにわかってきた。

ああ、そうか。僕が今、戦っているのは目澤コーチじゃない。ぶつかっている相手は自分自身だ。

彼の言うことにうなずくのは、数年間の経験からつくられた「今ある自分」を否定

することでもあった。そう簡単に受け入れられるはずがなかった。ＰＧＡツアーでほかの日本人の誰よりも優勝してきた自負もある。

ただ、邁進してきた道で、いつしか僕は周りが見えなくなっていた。時間をかけて、独りよがりに〝進化〟だと思いこみ、「このスイングはやってはいけない」と、みずから閉ざすようになった扉。それを目澤コーチはノックしてきた。意固地になっている自分、経験を重ねて頑丈にしてきた殻に閉じこもっている自分に、もう一人の自分が気づく。

目澤コーチはゴルファーにとって基本的な、クラブの握り方や構え方から改良が必要だと言った。

もちろん、すべての教えに対して盲目的に取り組むのは危険な面もあるだろう。自分の考え、感覚とのバランスを保つことを忘れてはならない。

でも、まずトライしないことには始まらない。

あの扉を開けよう。そう思った。

第10章

夜明け前

自分という人間を知る

新たな出会いを経て、頭の中がクリアになった2021年の年明け。目澤コーチとは、オフも練習をともにしたが、むしろ年明けしばらくの試合結果は、これまでのキャリアのなかでも、もっとも低空飛行だった。

ハワイで最下位を争い、西海岸でも調子は上がらず、2月末にフロリダをまわるとようやく好スコアも出るようになったが、それが2日と続かなかった。

1年前に首位スタートを切りながら新型コロナウイルスの影響で中止になったザ・プレーヤーズ選手権も予選落ち。

「目指している方向は間違っていないはず」

そう言葉にしても、結果がともなわなければ、不安は消えない。

ゴルフがうまくなる方法は何ですか。そう聞かれて、答えを一つ挙げるならば、

「自分自身を知ること」

そう僕は言うだろう。あらゆるシチュエーションで、自分がどれだけのことを、どれだけの確率でできるか。それを1打ごとに判断して、実際にボールを打つことでス

コアをできるだけ少なく積み上げていくのがゴルフだ。

思いどおりのショットやパットを打つためには、理にかなったスイングが必要だ。ただ、ゴルファーはスイング中、目線はボールにあるはずだから、自分の体やクラブの動きを実際に見ることができない。

だからこそ、映像や鏡で自分の姿を確認する作業が必要になる。スイングづくりには、体やクラブをどう動かしたいのかを考える「イメージトレーニング」も欠かせない。ボールを打てない環境で行う素振りも、頭に理想とする動き方を描きながらするのと、そうでなく行うのでは効果がまるで違う。

良い選手、好調なゴルファーほど、自分の状態や動きをよく知っている。

僕はスイングにおいて、そこに行きづまったから「自分の眼になってくれる人」として目澤コーチを呼んだ。人の眼だけでは見えにくい細かい動きを把握するために、計測器を使ってデータを取る。すべては自分を知るための取り組みだ。


3月、テキサス州オースティンでの、WGCデルテクノロジーズマッチプレーはマスターズを2週後に控えた試合。乱高下を繰り返していた調子の波は、ついに底まで落ち込んだ。

見直してきたスイングの形が、理想とかけ離れてしまった。自分では正しい動きをしたつもりでも、計測器に表示される数値が、その意識とは〝逆〟を示した。

「わけがわからない」

イライラが募り、自分への失望は怒りに変わっていった。


その翌週、同じテキサス州のサンアントニオで行われたバレロテキサスオープンでも試行錯誤と悩みは続いた。春のマスターズの前の週に、試合に出ることを決めたのは初めてだった。それほど事態は膠着《こうちゃく》していた。

会場のＴＰＣサンアントニオは、コースの敷地内に宿泊するホテルがあり、僕は時間が来るのも忘れて毎日ボールを打ちまくった。

その週は別の選手の指導のため、チームをいったん離れた目澤コーチは、

「やりこみすぎないように」

と話していたが、納得いくまでクラブを振った。自分の感覚と、数値が合わない。

「何かが違う。何が違うのか」

と黙々と一人汗をかいた。

その前の週からパッティングには復調めいたものを感じていた。日々の練習と、２月にロサンゼルスで丸山茂樹さんと食事をした際にいただいたアドバイスとが嚙《か》み合ってきていた。パターそのものも新しいものに替えて、感触は良くなった。その反面、

ショットは荒れた。初日こそ4位タイに入るプレーで久々に胸が躍ったが、2日目以降はまた思うようにいかない。試合中、キャディーの早藤将太に何度も怒りをぶつけていた。

何をやってもうまくいかない。

最終日の折り返しの9番ホール、ドライバーショットを左に曲げた。

ボールは木の真後ろに止まっていて、2打目は左打ちをして横に出すしかない。ちょうどそのとき、隣のホールをまわっていた、この大会で優勝するジョーダン・スピースとすれ違った。彼も第1打を左に大きく曲げていたが、ボールはグリーンを狙えるエリアにあった。

「なんで俺のボールは前に打てるところにないんだ。同じように曲げても、ジョーダンのボールは良いところで止まっているのに」

結果は30位タイ。2021年に入って一度たりともトップ10に入ることもないまま、絶望感たっぷりに、僕たちはその夜、オーガスタに向けて出発した。

たまったフラストレーションが思考を停止させ、自分を不機嫌にする。あんなに練習しているのに、なぜうまくいかないのか。

僕はほかの選手よりも長く練習するといわれてきた。そこにプライドはない。練習時間が長いことが一概に正しいわけではないし、多くの人からの評価は、結果で決まる。そしてなにより、自分が良い結果を望んでいる。

でも、自分のやっていることが無駄なのかと思うと、行き場がなくなってしまう。周りに発する言葉といえば、ネガティブなものばかりだった。

「次は……マスターズか」

プレーしたばかりのコースを去り、サンアントニオの空港に向かう。

将太が運転する車の助手席に座るあいだ、ふと我に返った。

「俺、何でこんなにキレてんねんやろ」

自分と、自分を献身的に支えてくれるチームのみんなのことが頭に浮かんだ。

ゴルファーの一打の行方は、誰のせいでもなく、そのゴルファーの責任だ。

ショットが曲がるのは自分のせい、パットが入らないのも自分のせい。にもかかわらず、悪いことすべてを、何かの、誰かのせいにしてしまう。

些細なミスは誰にでもある。100パーセント完璧な人間なんかいない。そして、100パーセントであるはずもない僕が、周りのみんなに100パーセントを求めて、目ざとくミスを見つけては、ちょっとしたことで腹を立てている。

将太は僕が怒って無口になっているのにも動じず、気を使って話しかけてくれていた。2年半前にバッグを担いでくれてから、何度も怒りをぶつけてきた。彼にはほかのプロゴルファーとコンビを組んだ経験がないから、プロのキャディーとしての能力が優れているかどうかはわからない。

でも、松山英樹のキャディーとしては間違いなく大きな成長があり、頼れる存在になっていた。周りから何を言われようと、お前は悪くない。将太に厳しく言うのは俺だけでいいと思ってきたのに、今は理不尽なイライラをぶつけている。

他人を許せない、傲慢な自分がそこにいた。

何をやっているんだろう。

みんなが頑張ってくれているのに、自分だけ、なんでこんなふうに一人でストレスを抱えているんだろう。

なにより、今の僕はゴルフを楽しめているのか。

サンアントニオの空港からプライベートジェットでオーガスタに向かった。フライト中も、疲れた頭の中は自分に呆れる気持ちでいっぱいだった。

「マスターズでは怒るのをやめよう」

また、別の土地で違う時間を過ごしたら、小さくとも何かをつかめるかもしれない。さっきまでの試合では1週間を通じて、ボールがまともに打てないエリアに何度も行った。だから、来週はきっと打てるところにあるはずだ。不運は全部吐き出した。そう思おう。

オーガスタの空港から、車でコース近くのレンタルハウスに移動した。チームのみんなで1週間を過ごす家だ。大会期間中、オーガスタの住民はバケーションに出かけ、僕たち選手関係者に邸宅を貸し出している。

足を踏み入れたのは今年初めて泊まる家だった。ベッドルームにする部屋を選んでいると、ビリヤード台や卓球台が置いてある大きな〝ゲームルーム〟があった。その片隅にあるマスターズの黄色いフラッグに、見慣れたサインが入っていた。

通訳のボブ・ターナーさんが言った。

「タイガーが昔、ここに宿泊した年に優勝したらしいよ」

「へえ、そうなんだ。僕が勝ったら、すごい家になるね」

マスターズ直前の気づき

２０２１年4月、マスターズ開幕3日前の月曜日。

朝方、オーガスタ・ナショナル・ゴルフクラブに到着するなり、僕は出場選手登録を行った。マスターズはコース到着後、このレジストレーションの順に選手に番号が振り分けられ、キャディーが着る白い〝つなぎ〟の左胸に、そのナンバーが記される。つまり、早く現地入りした選手ほど若い番号になる。

僕に与えられた番号は「78」だった。その瞬間、なぜかわからないが、

「なんか良い番号だな」

と予感した。リストで自分の上に名前が書かれていたジョーダン・スピースが「77」。普段の僕なら〝ラッキーセブン〟が続く数字のほうが好みだけど、そのときは「78」がしっくりきた。1ラウンドのスコアだとしたら御免だが、なぜか心地よかった。

将太は、「なんかイヤな番号だ」と気にしていた。

そういえばこいつは昨日、オーガスタの空港で貸し出された自動車にシールで貼りつけられた登録番号「１４９」にも憤慨していた。

たしかに、2ラウンドのスコアだったら、5オーバーで予選落ちだ。

でも、僕はそれもすんなり受け入れていた。飯田トレーナーは、「78」を「七転び八起きや」と将太に言っていたそうだ。


コースで練習を開始した。サンアントニオで必死に練習に取り組んで、きっかけが見つかりそうな状態ではあったが、そこまでには至らなかった。

でも、怒らないと決めていたから、自分のフィーリングをきっちり把握することに集中して、必要以上に球を打たないことを心がけていた。

火曜日までに18ホールのチェックをすると、グリーンが例年以上にスピードが出ていることがわかった。今年は「速く、硬い年」だと感じた。

初めて出場した2011年に感じたときのように、ボールがよく転がる。こういう年は、ショットでグリーンのどこに球を落とし、どう転がしてピンに寄せていくかという見立て、コースマネジメントがより重要になる。

過去に9回、マスターズに出場してきた経験が僕にはあった。各ホールの隅々まで調べなくても、攻略ルートは頭にイメージできている。

リラックスムードは、開幕の前日も続いていた。

水曜日、ほとんどの選手がコースの最終チェックに必死になる一日だが、僕は練習ラウンドに出なかった。

ドライビングレンジ、アプローチ、パッティング練習場で、自分の状態を上げる、その一点に集中しようと思った。チームのみんなも同意見だった。コースをまわって余計な警戒心を頭に植えつけるよりは、ショットやパットの調子を知ることに専念しようと思った。

そこには4年前、2017年の夏の苦い記憶も関連している。その前の週にWGCブリヂストンインビテーショナルで優勝した僕は、同日夜に全米プロの会場に飛び、祝勝の雰囲気にも浸ることなく、翌日から練習ラウンドを開始した。

体は疲れているはずなのに、優勝争いを演じた勢いから気持ちが先走っていた。最終日にジャスティン・トーマスに敗れた要因の一つは、興奮して一週間を通して冷静でいられなかったことにもあったかもしれないと、あとから思うようになった。

マスターズの開幕を控えて、ただ一つ残っていた懸念がドライバー選びだった。プロゴルファーのクラブは、同じ市販品モデルでも、選手の好みに合わせて細工が施されている。

基本的なデザインは一緒だが、ヘッドだけでも形状や色使い、重さが異なる。シャフトやグリップも含めれば、その組み合わせは膨大な数。そんな〝微妙な味付け〟が、僕たちにとっては成績を左右する重要な要素になる。道具へのこだわりは、プロ生活で培ってきた一つの財産だ。

ドライバーは、前の年の秋から同じモデルのヘッドを使っていたが、グラム単位で重量や重心の位置を替えたものをいくつもつくってもらっていた。

目澤コーチとの取り組みで、スイングを大幅に変えていたことも影響している。クラブの特性は体の動きとマッチしなければ、良いショットにはつながらない。住友ゴム工業（ダンロップ）の宮野さんと調整を続けていた。

そして、三者の意見がばっちり嚙み合ったのがティーオフ前日の水曜日だった。

今の自分が求めているスイングができたときに、最高の働きをしてくれるヘッドを数種類の中からチョイスした。今までほとんど使ったことのない、ヘッドの重心の位置などが特別なタイプだった。

最後の練習を終え、レンタルハウスに帰って将太に言った。

「今週、行ける気がする」

大会が始まる前にそう思うことは、僕のキャリアではほとんどない。

第11章 オーガスタの風

マスターズ初日

早朝6時。いつものように、スタートの約4時間前にベッドから起き上がり、ウォーミングアップを始めた。

オーガスタのレンタルハウスでの食事は、フロリダ・オーランドの自宅の管理をお願いしているジャスティン鈴木が毎日つくってくれる。僕は飯田トレーナーの指導のもと汗を流し、朝食をとってから青いボーダーのポロシャツに着替えた。

4日間に着るウエアの組み合わせは、いつも自分で選ぶ。最初に考えるのは、最終日の組み合わせだ。

アマチュア時代から、優勝シーンは、黄、青、白のシャツ、パンツを着ることが多かった。ほとんどの色でトロフィーを掲げてきたから、もうことさら〝勝負カラー〟みたいなものはなくなっている。今年の日曜日は、白地に黄色いボーダーのポロシャツに、紺色のパンツを合わせることを決めていた。

清々しい青空の下を、風が穏やかにそよぐ。

天候に恵まれた午前9時48分、僕にとって10回目のマスターズ、33回目のメジャートーナメントへの挑戦が始まった。

4日間72ホールの戦いは、まずはスタート時に自分とコースの状態を探ることから始まる。

1番ホール、3番ウッドでのティーショットは左に曲がりラフに入った。2打目は木が少し邪魔になり、200ヤード近く距離が残ったこともあって、安全にグリーンにのせることだけを考えた。結果的に5メートルほどのバーディーチャンスについたが、3パットのボギーで出端をくじきたくない。パーセーブにも満足だった。

ゴルフは、毎ラウンドで変わるグリーン上のピン位置と、そのスピードとをきっちり頭に入れていないとスコアメークが難しい。この日、あらためてわかったことは、事前の練習日に感じたことと同様、やはり例年よりも「速い」ことだった。

2番パー5で6メートルのバーディーパットを決めたが、そのときもパーを拾うことを最優先に考えていた。

カップに沈んだボールを拾い上げ、僕は将太に言った。

「メチャクチャ速い。あのタッチで届いたぞ」

攻め気が強すぎると、トラブルになる可能性がある。慎重さを忘れてはいけない。オーガスタ・ナショナル・ゴルフクラブでは、ほかのメジャー大会に比べて比較的距離の短いパー5でスコアを伸ばすことが上位進出の鍵になる。

8番ホール、ドライバーショットは完璧ではなかったが、風にも押されて328ヤード飛んでくれた。残り距離250ヤードの2打目は、5番アイアンでも風と硬いグリーンがボールをピンの近くまで運んでくれることを知っている。2オンに成功、7メートルのイーグルパットも入って勢いが出てきた。

とはいえ、グリーンへの警戒心を解いてはならない。次の9番ホールで1メートルほどの下りのバーディーチャンスを外したが、

「どちらに切れるか（曲がるか）わからない」

という難しいパットだった。思い切って狙いたい。でも、強気にいって外せば3パットする恐れがある。そう思って無理をせずにカップの近くで止めることを優先させた。ゴルフには5メートルあるパットよりも、たった1メートルのほうが何倍も難しいケースだってある。

バックナインは、バーディーとボギーを1つずつ記録した。17番ホールで痛い3パットボギー。最後の18番では第1打、第2打とミスが続いてバンカーを渡り歩いた。最終ホールの締めくくりは、翌日をどう迎えるかという点で重要だ。だから、2メートル弱のパーパットが決まったときは一安心できた。

初日のスコア「69」。3アンダーでの滑り出しは、これまでのマスターズでキャリア最高となる2位タイスタートになった。

トップに立ったジャスティン・ローズの7アンダー「65」に対し、

「どうやったらそんな数字が出るんだ」

と驚かされたが、そう毎日はうまくいかないだろうとも思っていた。

優勝への意識？　この時点でそんなものはまったく頭にはない。スイングの試行錯誤が続いていたし、なにせ優勝から3年8カ月も遠ざかっている。２０２１年を迎えてから直前までの試合の出来は散々なものだった。

とにかく試合前に決めた、頭に余計なフラストレーションをためないことだけを貫こうとした。

「誰にでもミスはある。今週は怒らない。自分にも、周りにも寛容になろう。俺はいつも自分にも、他人にも厳しくやってきた。だから、せめて今週だけは」

宿に戻り、チームのみんなで夕食をとった。その日のプレーを振り返りながら話していると、冷蔵庫にカットされたパイナップルを見つけた。僕はアメリカでの試合期間中、寿司をはじめ生ものを極力、口にしない。

過去に一度だけ、空腹時にパイナップルを食べて腹痛を起こしたことがあった。それ以来敬遠してきたが、この日は、

「3アンダーのご褒美だ」

と自分に言い聞かせ、いくつかほおばった。口に広がる甘酸っぱさが、疲れを癒してくれた。

マスターズ2日目

いつも笑顔でプレーすること。僕にとってそれは、難しいことでもある。

タイガー・ウッズを見て育ってきた身としては、好きなプロゴルファー像はコース上では少し険しい顔をしながら淡々と、スーパープレーにもどちらかというとポーカーフェイスでギャラリーに応えるような選手の姿だった。

タイガーと人気を二分してきたフィル・ミケルソンだって笑顔のシーンばかりが切り取られるが、緊迫した場面でのショットを前にすると表情は真剣そのものだ。ミケルソンはその切り替えが、メンタルコントロールにおいて抜群にうまい。

だから、この週の僕は、「怒らない」とは決めつつも、無理に「笑顔をつくろう」とも思わなかった。

2日目は少しアクシデントがあった。

午後のスタートに備え、左手首にテーピングを施していた。実は前日の5番ホール、2打目を打った瞬間に痛みが走った。硬いグリーンにボールを止めるため懸命にスピンをかけにいったところ、アイアンが芝に突っかかってしまった。

ひどい痛みでもない。〝古傷〟の親指とも違う。とはいえ、予防と気持ちを落ち着かせる意味を込めて巻いた。

初日にスピード感たっぷりだったグリーンは、この日、別の表情を見せて選手を大いに惑わせた。

午後にティーオフする僕は、宿舎のテレビで午前中にプレーする選手たちの様子を眺めた。天気が悪くなったことでボールの転がりが鈍くなっていた。

2番ホールで2メートルのバーディーパットがカップの右手前で止まった。前日のスピード感であれば入っていておかしくない1打だった。頭の中のモードを切り替えなくてはいけない。上位でのプレーが続くなか、グリーンに順応することに集中した。スコアをなかなか伸ばせないでいた10番ホール。大きなピンチが訪れた。

向かい風に突っ込んだドライバーショットが、左の林に曲がっていった。ひょっとしてボールがなくなっているかもしれないと、その場で暫定球（球を紛失した恐れがあるときに打つ。1打目が見つからなかった場合はこの球を使い、次が4打目となる）を打った。

ところが、ティーショットのボールは木に当たって、フェアウェイに戻ってきていた。直前の試合まで、木に弾かれてまともに打てないエリアに落ちたり、ほんの数ヤードの差でペナルティーエリアに入っていたりした球が、なんの問題もないライにあった。今週は運もある。

パー5の13番ホール。2打目を放ったのち、グリーンの奥の短いラフに止まっていたボールを見て「最悪」だと感じた。

ピンまでの距離は20ヤードほどだが、どうやって寄せるか悩むライだった。いったん上って、グリーンにのってからは加速して下っていく。オーガスタ・ナショナル・ゴルフクラブは、このグリーン周りの短いラフがややこしい。根が強く、別のゴルフ場よりも抵抗がある。それでいて、グリーン上のボールはよく転がるのだ。

直前の7番アイアンでの2打目が、わずか3ヤードでも左右に散るか、あるいは手前に落ちてグリーンに残っていてくれさえすれば、こう悩むこともなかった。

パターを握った。ピンの周辺、2メートル以内に寄れば十分、許容範囲を広くして3打目を打った。

「強い。止まれ！」

そう思ったボールは、ピンと正面でぶつかり合い、そのままカップに沈んだ。パーでもしかたないと思える状況でイーグル。スコアを一気に2つ伸ばせた。

「ラッキー！」

口をすぼめて思わず笑顔になった。2日目も「71」と、アンダーパーをマークして通算4アンダー。好位置のまま決勝ラウンドに進める。

順位は2位タイから6位タイに下がったが、トップとの差は4打から3打に縮まった。

マスターズ3日目

アメリカでの試合は、悪天候でもないかぎり、日照時間の長い春から夏の間、週末の決勝ラウンドでは2人1組でプレーする。前日までのスコアが悪い選手たちから順にスタートし、上位の選手は午後にラウンドを始める。

オーガスタの空は2日目に続き、雲に覆われていた。風も強い。予報では、夕方に雷雲も近づいてくるという。ラウンド中の中断や翌日への順延も覚悟していた。

同じ組に入ったザンダー・シャウフェレと、午後1時30分に1番ホールのティーイングエリアに立つと、いきなり難題にぶち当たった。

第1打が右サイドに曲がり、木に当たってバンカーに入った。真っ白な砂が壁のようにそびえるこのバンカーからはグリーンを狙えない。2打目はやむをえず、50ヤードだけ前に出した。

マスターズで優勝争いができるポジションにいるとはいえ、まだ長い戦いの途中だ。36ホールも残っている。この状況で無理をしなかった判断が功を奏した。フェアウェイからの3打目で、ピンの右奥2メートルにつけて、パーを拾うことができた。

「自分に怒らない。仲間にも怒らない」

その誓いは変わらなかった。前半9ホールのバーディーは、7番ホールでの一つだけ。パー5の2番ホールでも、8番ホールでもスコアを伸ばせなかったが、パーを並べてスコアを落とさない自分の展開にうなずいた。

「難しい。でもマスターズはそういうものだ」

折り返して後半に入ると、雲行きがさらに怪しくなった。

11番ホールは505ヤードと長いパー4だが、ドライバーでのティーショットが右サイドに大きく、大きく流れていった。

会場で試合を観戦するお客さんの安全を守るため、ゴルファーとキャディーはショットがロープの外に向かいそうなとき「フォアー！（Fore）」と叫ぶ。右に飛べば「Fore Right！」と声を出す。だが僕は、その瞬間、

「Go Right！」

と発した。もっと、もっと右に行け。

このホールの右サイドの林には一画だけすっぽりと、木々に進路を邪魔されないエリアがあるのを知っていた。もちろん狙ったわけではないが、運よく2打目をそこから打てたらトラブルを最小限に抑えられる。

歩みを進めると、ボールはまさにその場所にあった。新型コロナウイルスの影響で、大会が来場者の数を例年よりも大幅に減らしていたことも幸いし、パトロン（来場

者）にケガ人もいない。グリーンへの道は開けていた。

そのとき、コースに一時中断を知らせるホーンの音が響いた。雷雲が襲来し、選手は一度クラブハウス周辺に引き上げることになった。


雨粒が車窓をたたく。

1時間17分の中断のあいだ、僕たちは宿舎との移動に使う車の中にいた。

多くの選手関係者がキャディー用の建物の中でくつろいでいたが、僕は新型コロナウイルス感染を警戒してその場に入ることを避け、駐車場の車内でスマートフォンでゲームなんかをして時間をつぶしていた。

雨雲が去った数十分後、再開前の練習を許された。

湿ったドライビングレンジで、ボールをもう一度打ちはじめる。この日、2回目のウォーミングアップだった。ゴルフの競技中によくあるシーンだが、僕はこういうとき、再開直後の目の前の1打を想定した練習を〝しない〟。このときであれば、リスタートのショットになる11番ホールの2打目を見据えた予行演習は決して行わない。

これが仮に最終日、最終ホールのあと1打、ということであれば話は違うが、この状況ではまだ先は長い。あくまで普段と同じ練習で、自分をフラットな状態に戻すための調整時間だ。どんなトラブルショットであれ、やるべきスイングは基本的な動きの延長でしかない。

再開の時刻が近づき、あらためて11番ホールのセカンド地点についた。

オーガスタ・ナショナル・ゴルフクラブには、「アーメンコーナー」と呼ばれる名物エリアがある。難度が高いこの11番の第2打エリア、次の12番パー3。そして、13番パー5の第1打を指し示していて、「アーメン」と神に祈る気持ちでプレーするという意味が込められている。

林の中から11番グリーンに続くルートをきれいに見渡せたが、近くの木の枝が視界の上部に垂れていた。グリーンの左サイドには池が口を開け、手前のフェアウェイ上には当てるとボールが思わぬ方向に弾かれてしまう大きなコブがある。

難しいシチュエーションには違いなかったが、ピンチだとは思わなかった。

トラブルに陥ったときは、まずその状況において選択肢がいくつあるかを見極めることが重要だ。ゴルフでいえば、ボールが置かれたライの状態はどうか。ピンをまっすぐ狙えるか、狙えないか。仮にボールを曲げればグリーンの近くまで運べるか否か。目の前の1打を犠牲にしても、その次のショットなら良いポジションを確保できる可能性があるか。自分の技量は、今の調子はどうか。レパートリーを頭にいくつも並べ、優先順位をつけて最善策を選びたい。

7番アイアンを手に取り、グリーンの奥に立つピンを狙った。

左の池には絶対に入れてはいけない。やや右にターゲットを取り、上空の木の枝を警戒して低い球で、それでいてコブを越える高さのショットを打つ。しっかりコンタクトしたボールは、狙いどおりグリーンの中央に落ち、ピンの右6メートルで止まった。そして、下りのバーディーパットも勢いよくカップに転がり込む。難関ホールでのバーディーは、中断後のリスタートのプレーとしてはこれ以上ない結果だった。

続く12番ホールで、この日3つ目のバーディーを奪い、僕は通算7アンダーとして首位に並んだ。

ただ、この時点での順位にあまり意味はない。雨上がりのグリーンスピードをずっと探っていた。速いままか、遅くなったのか。14番で3オン1パットのパーセーブをしたとき、グリーンはやはり雨を含んで遅く、軟らかくなったと感じた。

今ならグリーンがボールを止めてくれる。思い切って攻められる。スーパーショットが次のホールで飛び出した。

15番パー5、残り208ヤードの2打目。5番アイアンで左から右に曲がるカットボールで、前後を池に守られた縦幅の狭いグリーンをとらえた。ピンそばわずか1メートル。絶好のイーグルチャンスも生かして単独トップになると、さらに、16番から2ホール続けてバーディーを重ね、その座を盤石にした。

最大のピンチは、最終ホールで訪れた。18番パー4の感触の良かった2打目はピンをはるかにオーバーし、グリーンの奥まで転がった。プレーを終えた選手がスコア提出所に向かうために歩く坂道の途中に止まっている。

目線より低い位置にあるグリーンに向けた下りのアプローチ。ピンの近くに寄せるのは至難の業で、ボギーでもしかたがない場面だった。

けれど、僕には自信があった。経験をもとにした確信だ。

オーガスタ・ナショナル・ゴルフクラブの芝は根が強く、普段はボールの勢いを吸収するが、雨が降るとよく滑らせる。

おそらく2回目の出場だった2012年頃から、

「オーガスタはほかのゴルフ場とは違うボールの転がり方をする」

と気づき、練習を重ねてきた。ボールにきちんとバックスピンをかけてやれば、イメージどおりにカップのそばまで行きつくはずだ。

「うまい」

隣で将太の声がした。頭に描いた歪んだラインの上をボールが伝っていく。パーセーブが確実なピンそば60センチで止まり、パトロンの拍手が沸いた。

この日のフィールドでベストスコアとなる「65」。

数時間前に雨が降り注いでいなければ、おそらくこうはならなかった。

最終日前の不思議な夜

数分後、僕はオーガスタ・ナショナル・ゴルフクラブのメディアセンタービルにいた。マスターズの3日目、54ホールを終えた段階でのトーナメントリーダーとして、ホールアウト後のインタビューを受けるためだった。

目にしたスコアボードでは、2位で並ぶ4人の選手とは4打差がついていた。キャリアを通じ、最後の18ホールを残してこの首位のポジションにいたのはマスターズはもちろん、メジャートーナメントで初めてだった。

記者会見で質問の答えを言葉にするたびに、少しずつ実感が湧いていく。

小さい頃にテレビで観たタイガー・ウッズの姿のこと。東日本大震災のあと、アマチュアとして出場した10年前のこと。そして、日本の男子選手として初のメジャータイトルが目の前にあること。

取材の対応を終えて、日没が迫ったドライビングレンジに足を運び、あらためてショットの状態を確認した。

グリーンでパッティングの動きをチェックした。どちらも状態は悪くない。さあ、帰ろう。車に向かおうとしたそのとき、どこからか声がかかった。

「ヒデキ！　グッド・ラック・トゥモロー！」

カートで走り去っていくのは、オーストラリアの英雄、グレッグ・ノーマンだった。20世紀後半、ＰＧＡツアーでの20勝をはじめ、世界中でタイトルを重ねた、〝ホワイトシャーク〟の異名をもつレジェンドだ。

それまでは縁がなく、僕が対面したのは、このときが初めてだった。

「サインか、記念写真を……」

そうお願いする間もなく、ノーマンの姿はあっという間に小さくなっていった。


不思議な夜だった。

３日連続で記録したイーグルのご褒美にと、パイナップルで夕食を締め、飯田トレーナーのケアを受けてベッドに入った。

緊張がもう始まっていた。どうにも落ち着きそうもない。

「俺がマスターズでトップにいる？」

インターネットの向こうの世界、日本のニュースサイトはすでに大盛り上がりだった。スマートフォンを片手に、

「勝ってからにしてくれないか」

とも思ったがしかたがない。

僕は多くの試合で、寝る前に翌日のプレーをシミュレーションする。

毎日変わるピンポジション（カップが切られる位置）を想定し、1番ホールの1打目から18番ホールの最後のパットまでをイメージする。すべてのストロークで「良い結果」と「悪い結果」の両方を頭に描いてホールを進めていく。

緊張するときは、「自分が緊張している」と受け入れることが大切だ。

ついさっきまで良いプレーをしていたから、興奮して、ハイになってなかなか寝つけないかもしれない。そうなることも理解していた。

ところがその夜、僕は脳内での〝予行演習〟が終わる前に眠りに落ちてしまった。翌朝7時半に目が覚めた。シミュレーションは6番ホールまでしか終わっていない。こんなことは初めてだった。緊張が限界を超えていた。

幸い、朝10時のウォーミングアップ開始までには時間があった。

1番ホールからイメージをしてもう一度眠ろうにも、それからは眼が冴えてしまった。リビングには、こちらも予定より早く目覚めていた将太がいた。

体を本格的に動かす前から、心臓がバクバク音を立てている。息苦しい。標高の高いメキシコにいるときみたいだ。体に酸素が入ってこないような感覚さえある。

不安でしかたがなかった。

理由は自分が今いる首位のポジション。誰が見ても「盤石」と捉えるであろう、後続に4打差をつけている事実が原因にほかならない。マスターズでの、メジャートーナメントでの優勝をかけて、どの選手よりも有利な状況からスタートできる。

でも、これで負けたら僕はどうなってしまうんだろう。グリーンジャケットが、日本の男子ゴルファーの夢が、今、手の届くところにあるのに。負けたらすべて水の泡になる。ネガティブな感情ばかりが湧いてきた。

そんなときふと、昨日の帰り際にすれ違ったノーマンのことを考えた。

「あのグレッグですら負けたんだよな」

1996年のマスターズ。ノーマンは2位に6打差をつけて最終日を迎えながら、ニック・ファルドに逆転を許してグリーンジャケットに手が届かなかった。オーガスタに残る悲劇のドラマとしていまだ語り継がれている。

僕がローアマチュアになった2011年、2位に4打差をつけて入った最終日に敗れたのは、ロリー・マキロイだった。2016年、ジョーダン・スピースは5打差をつけて突入したサンデーバックナインで崩れ、連覇の夢を断たれた。

歴代の世界ランキング1位の選手たちですら、オーガスタは飲み込んでしまう。

そう思うと覚悟が決まった。

なるようにしかならない。

自分にやれるだけのことをやろう。

マスターズ最終日

頬をなでる風が心地よかった。

雨雲はオーガスタの空から去っていた。

アメリカに来てからほとんど変わることのない、毎日のルーティンをこなしてコースに向かう。汗をかいて、予定どおり白地に黄色いボーダーポロシャツに袖を通した。

移動の車内でも、チームのみんなから緊張感が伝わってきた。スタートの約1時間半前に練習場に到着。ドライビングレンジでボールを打つあいだに少し気持ちが落ち着いたが、それでもクラブを振るスピード、リズムが普段よりも速い。ショットのスイングも、パットのストロークも意図的にゆっくり振らなくてはいけないと感じた。

「ヒデキ・マツヤマ」

午後2時40分。穏やかに名前をコールされ、拍手が長く響いた。

マスターズの最終日、最終組でのプレーが始まる。

1番ホールのティーイングエリアでこれほどナーバスなのはいつ以来だろうか。

パトロンの視線を一身に集めて、３番ウッドで正面のフェアウェイにターゲットを取った。前日３日目はドライバーで右サイドの木に当てていた。そしてこの日もまた、ティーショットは大きく右に流れた。

林の中からの２打目は到底グリーンは狙えない。木々の隙間をなんとか抜いて３打目でグリーンにのせた。２パットを要してスタートホールでボギー。前日４打あった後続との差はいきなり縮まり、二つ前の組でプレーしていたウィル・ザラトリスと１打差になった。

さっそく、悲観的になってもしかたがない状況がやってきた。

しかし、僕は２位以下の選手に迫られたことをわかりながら、内心「大丈夫だ」とうなずいていた。ボギーにした１番、10メートルはあろうかというパーパットでしっかり手が動いた。

５年前、優勝争いに加わった２０１６年に〝イップス〟の症状が出たあのときとは違う。緊張は解けなくとも、続く２番ホールでドライバーショットが狙いどおりフェアウェイの真ん中を転がった。

「これでショットも落ち着くはずだ」

そう思えた。

スタートホールを終えて、1打になった後続との差は、2番のバーディーで3打差になった。

オーガスタ・ナショナル・ゴルフクラブのスコアボードは、ほかの大会のような電光掲示板ではなく、何人ものボランティアの手で操作される伝統的なものだ。

18ホールすべてに設置されているわけではないが、ほとんどのホールで周りの選手のスコアを確認できるように建てられている。

序盤戦、リードは2打と3打を行ったり来たりしていた。ただ、その数字が絶対的に有利でないことは百も承知だった。相変わらずの緊張感ですべてのストロークに集中力を研ぎ澄ませたが、短いクラブでの距離感や力加減に普段とは微妙な違いが出ていた。

3番ホール、残り120ヤードをウェッジで放った2打目が、グリーンをオーバーした。その直前、距離の計算にとまどっていた将太に「落ち着け」と言っておきながら、自分はクラブを〝振れすぎて〟いる。

495ヤード、打ち上げの長いパー4である5番ホールで第1打をバンカーに入れた。その時点で、この日二つ目のボギーを覚悟した。息苦しいままだ。3打目でグリーンにのせたが、手に残った感触よりも6、7ヤードも遠くに飛んだ。

5メートル強のパーパット。打った瞬間に「マズい」と思った。

「強すぎる。カップに当たってくれ！　そうすれば50センチ以内のボギーパットを打てる」

打ったあとのボールをゴルファーがどうにかすることはできない。だが、意外なことにボールはカップに勢いよく飛び込んだ。そのまま脇を抜けていれば、ボギーどころかダブルボギー、追ってくる選手たちに一気に飲み込まれる可能性も十分にあった。

苦しい。肩で息をするような時間が長く続いた。メジャーでの緊張感、極限の精神状態で戦うために今まで頑張ってきたけれど、息苦しくてしかたがない。

この気持ちをどれだけの人が理解してくれるだろう。

表に出るスコアは同じパーでも、そこまでのプロセスはそれぞれまるで違う。6番ホールの外れたバーディーパットは、自分でも思いどおりのストロークができた。一方で、7番ホールの外れたバーディーパットはひどいミスで、思わず、

「そら、入らんわ」

と笑ってしまった。ただ、その二つのパーの違いは、僕たち以外は知る由もない。

プロのアスリートは、まず目の前の結果で世間から判断される。それが宿命だ。その結果を生むための努力や、内容を突きつめる日々は、他人の評価の対象ではないし、そうあるべきだとも思わない。

パー5の8番ホールで、この日二つ目のバーディーを決めた。

直前のグリーン右サイドからのアプローチは、目の前の傾斜が複雑で難しく、10年間、このホールに来るたびに何回も練習してきて、自分で「100点に近い」と思えた1打だったが、人によってはそう見えなかったかもしれない。

「俺ばっかりに期待するなよな――」

好きで始めたゴルフを突きつめてプロになった。自分のためにマスターズで勝ちたい、メジャートーナメントで勝ちたいと思うようになった。それがいつしか、僕らはたくさんの人の期待と夢を背負うことになった。

挑戦するたびに負けて、「メジャー優勝って何だろう」と思うこともあった。

自分の目標の一つなのは確かだが、プロゴルファーとして第一に考えるべきは自分の生活で、ゴルフを続けるのに、必ずしもメジャータイトルが必要なわけではない。

年に4回のメジャーに一度も勝てなくても、ほかの試合で勝ち続ければゴルフはずっとできるはずだ。

この試合だって俺の試合だ。負けたらそれが事実として残るだけ。それが何だっていうんだ。

「解放されたい。放っておいてくれよ」

芝を踏みしめるたびに逃げ出したくなる思いが顔を出した。

でも、はたしてそれでいいんだろうか。

周りに目をやれば、少なくとも僕を支えてくれるチームの仲間は、たどり着けるかもわからないゴールに向かって一緒に走ってくれている。わがままな僕を信じてくれている。

そして、僕の掲げてきた目標は、多くの日本の先輩プロゴルファーたちがバトンを渡してくれたものでもあった。AONをはじめとしたあらゆる選手たち。たくさんの人が涙をのんだ瞬間が重なって、僕はここにいる。

「ここで変えなくちゃいけない」

日本の男子ゴルファーが、メジャーで勝てない歴史を終わらせなくてはいけない。

僕が今日負けても、いずれ誰かが変えてくれるときがくるだろう。ここ数年、日本にも世界で通用しそうなポテンシャルをもつ若い選手が台頭している。

けれど、僕よりも下の世代に同じ思いをさせるわけには、この重圧を背負わせるわけにはいかない。なによりこの状況から逆転負けしたら、僕自身がメジャーはおろか、もうどんな試合にも一生勝てなくなる気がした。負けていいわけがない。勝たなくてはいけない。地面から視線を離し、そう思い直した。

9番ホール、平らなフェアウェイからの2打目を、ピンの手前1メートルにつけて

2連続バーディーにした。2位との差は5打になっていた。

オーガスタのサンデーバックナインでは、数々の名選手たちも悲劇の主人公になってきた。アーメンコーナーの入り口、11番ホールを僕はパーで終えて、別の組でプレーする2位のザラトリスとは6打差がついた。

それが安心できるリードだとは思えなかった。表情を崩さずにやり過ごしながら、ショットの感覚が少しずつ鈍くなっているのを、数ホール前から感じていた。ピンを狙って攻めたい思いと、堅実に守りたい思いの狭間で気持ちが揺れ動いていた。

とにかく、状況判断に時間をかけて頭に描くコースマネジメントに徹しよう。

12番ホール、世界でもっとも美しく、難しいとされるパー3でも冷静でいることができた。

このホールはマスターズの歴史で数々の悲劇を生んできた。

グリーンまではわずか155ヤードだが、上空で瞬時に向きを変える風がティーショットの行方を予測不能にする。僕はグリーンの右サイドに立つピンを狙いかけたが、思いとどまった。これまで世界の有力選手たちが同じように攻めて、グリーンの手前に流れる小川に何度もボールを落としてきた。

2016年の最終日には、ジョーダン・スピースのショットが2回水しぶきを上げ、

「7」をたたいて首位から陥落した。2020年には、あのタイガー・ウッズが3回入れて「10」を記録している。

一昨年の秋、プロコーチのブッチ・ハーモン氏にスイングの助言を求めたとき、このホールの話題を向けた。

「僕はピンを狙いたくなるが、どう思うか？」

彼の答えは、

「NO」

ピンがどこにあろうともグリーンの中央、手前のバンカーのラインに安全に打つべきと話していた。僕の第1打は、その方向に飛び、奥のバンカーに入ってボギーになった。しかし、リードを考えれば許容範囲の後退だった。

スコアを伸ばせなくても、リードを広げられなくても、それぞれのダメージを小さく抑えてホールを消化していくことが自分に課せられた使命だった。

13番パー5はイーグルを狙えるが、第1打で左サイドの小川に入れないことだけを念頭に置いてドライバーを握り、バーディーにつなげた。

14番ホールを終えて2位とは4打差あった。

残りは4ホール。

逃げ切りでの〝楽勝ムード〟が周囲では漂っていたかもしれない。

しかし、僕はそこで強烈に嫌な予感を覚えた。

2位にいたのは、同じ最終組でまわる目の前のザンダー・シャウフェレだった。

彼は前半5番ホールまでに前日から3打落として順位を下げていたが、中盤から驚異的な粘りを見せて背中に迫って来ていた。

僕が少しずつ乱れはじめたショットを必死にカバーしていたのを横目に、12番から14番ホールまで3連続バーディーを奪ってきた。

頭に、4年前の光景がよぎった。2017年の全米プロのサンデーバックナイン。首位に立っていた僕の背中にぴったりとついたジャスティン・トーマスは、9番からの2連続バーディーで、大ギャラリーを突如、味方につけた。

あのときの雰囲気に似ている。もう一度、僕も攻撃的にならなくてはいけない。

続く15番ホール。前日にイーグルを決めたパー5。

ここでバーディーを決めれば相手の勢いをきっと止められる。

ドライバーショットをフェアウェイに置き、残り227ヤードの2打目で前後を池に守られたグリーンを狙った。

4番アイアンのショットは、インパクトで完璧だと、いや〝完璧すぎる〟と直感した。クラブのフェースとボールがこれ以上ないほど芯と芯でぶつかり合うような、最高の感触。

いつもなら快感だが、このときだけは違った。

これでは、ボールが勢いあまってグリーンの奥の池に入ってしまう。

「ソフト！　ソフト!!」

地面に柔らかく落ちて、奥の芝で止まってくれ。

もしくは池の前に立つ木に当たって止まってくれ。

どちらの祈りも届かなかった。

「自分のアドレナリンを制御できなかった」

以前、中嶋常幸さんが、メジャーでの戦いを振り返って話してくれた言葉を思い出した。

「このことか」

1ストロークのペナルティーを加えて、池のそばからの4打目は状況的に最高の1打になった。

打ち上げになったアプローチは、弱ければもう一度シビアな〝寄せ〟が残り、強すぎると反対側の池に入る危険もあったが、5打目をパターで打てるほどグリーンの近くまで寄せられた。

それでもボギー。4連続バーディーにしたザンダーとの差は4から2になった。

残りは3ホール。

2打のリードはもう、あってないようなものだった。

そして、流れは相手にある。16番パー3、先にアドレスに入ったザンダーの8番アイアンでのティーショットが、ピンの真上に高く舞うのが見えた。握るクラブを直前まで迷っていた僕は腹をくくった。

「俺も行くしかない。同じ8番アイアンでピンだけを狙う。バーディーをとりにいく」

だが、その瞬間、ザンダーのボールはグリーン手前の池に落ちた。

パトロンの溜息がかたまりになって重く響く。

僕は直前まで「攻撃的」に入れていたギアを、瞬時に「守備的」にシフトさせた。

絶対に逃げ切って見せる。

絶対に勝ちにいく。

クラブを7番アイアンに持ち替え、1打目を池を避けるようにグリーンの右サイドに置いた。

僕はその時点で通算12アンダー。

敵はザンダーから再び、すでに9アンダーでホールアウトしていたザラトリスになった。

「3打差ある。残り3ホールで2つボギーをたたいてもいいんだ」

きれいに締めくくろうとは思わない。

どれだけ泥臭くても勝てばいい。

この16番を3パットでボギーにしたが、2メートルのパーパットも決してミスとはいえなかった。

ゴルフでスーパーショットといわれるものは、その都度、その状況に応じて変わる。ゲームを壊さない、相手に流れを譲らないこの1打もそのうちの一つだった。

17番ホール、ドライバーで放ったティーショットは、ほんの少し右に飛び出し、最高到達点に達する前に左に戻ってきた。

空に描いたのは、僕が長年追い求めていた軌道だった。

目澤コーチの助言から、過去の自分と向き合った末に取り戻した「人生最高」といえるドローボールを、最後の局面で打てた。

苦労を重ねて取り組んできたことは、間違いではなかった。

緊張感はずっと変わらなかった。

スタートから、どんなときも追いつめられている心境だった。

だからもう、気力も限界に近づいていた。太い縄で体ががんじがらめにされている感覚で、ボールをグリーンに置くこと、パットをカップに近づけることに必死になってパーを拾った。


2打のリードをキープして、最終18番ホールを迎えた。

左右に背の高い木々が連なる、回廊のように細長いティーイングエリア。目線より高い位置にグリーンが見える。

最後もドローボールと決めていた。

左からの風を感じながらティーペグにボールを置き、一度下がって狙いを定めた。

静けさが僕らを包む。足元の芝には長く伸びた影。

一度素振りをして、息を一つ吐き、左足を踏み出しアドレスに入る。

両足で地面をつかみ、構えて視線をフェアウェイに向けた。

そのとき、右側からわずかに飛び出ていた木の枝が視界に入った。

「当たりそうな気がする」

瞬時に、狙いを変えた。

「逆だ。左から右に曲げる」

ドライバーから、今度は力に満ちた人生最高のフェードボールが出た。

地面に落ちたティーペグをすぐに拾いにいった。

キャリアをかけた最終局面で、思いどおりのショットが打てたことが嬉しかった。

2011年、初めてオーガスタ・ナショナル・ゴルフクラブで練習ラウンドをしたとき、この18番の2打目を僕は3番アイアンで打った。

10年後の今、僕はフェアウェイ上でピッチングウェッジを握っている。

だが、オーガスタにいるという女神は、最後までなかなか微笑んでくれない。

この場面で、アプローチが難しくなるグリーンの左サイドにだけはこぼしたくなかった。最近のスイングチェンジで出やすくなっていた左へのミスを嫌った結果、右のバンカーに入った。

でも、それでもよかった。バンカーショットがグリーンに落ちて、パトロンもすべてを悟ったように拍手を送ってくれた。

2メートルのパーパットは、

「入らなくていい」

と思った。欲張って、大きくオーバーさせて3パットにしたらプレーオフになる。

カッコよくなくていい。勝てばいい。

カップの左を抜けたボールが、30センチ向こうで止まった。

静寂のなか、短いウィニングパットが乾いた音を立てた。

4日間で築いた278回目のストローク。

一呼吸置いて歓声と拍手がこだました。

子どもの頃から見てきた、何人ものマスターズチャンピオンたちの優勝シーンとは違った。最終ホールでガッツポーズもできない、雄叫びも上げられない。

僕はキャップを静かに取って、声援にこたえるので精一杯だった。

勝った――。


週末2日間を一緒に戦ったザンダーと彼のキャディーと健闘を称え合い、僕は将太の姿を探した。

黄色いピンフラッグを手にして満面の笑みで立っている姿を見たら、涙がこぼれそうになった。2年以上かかったが、やっとこいつと勝てた。

苦しい思いばかりさせてきた。やっと自信をもたせることができる。

マスターズで優勝したことへの喜びが湧くより先に、そう思った。

グリーンから続く坂道に、チームのみんなが待っていた。

最初にハグをした目澤コーチは声をあげて号泣していた。

目を真っ赤にした飯田トレーナーと抱き合い、チームに迎え入れたときに誓った言葉を思い出した。

「メジャーを獲ろう。３年で」

時間はかかったけれど約束を守れた。

危ない。涙があふれそうになった。泣き顔なんて見せたくない。

でも最後に、ボブさんの大きな優しさに包み込まれて、もう我慢できなくなった。


鳴りやまない拍手のなかで、自分の名前がたくさんの人に叫ばれていた。

顔を濡らす涙と汗を、腕で一生懸命に拭きながらスコア提出所までの道を歩く。

一歩、一歩と踏み出すたびに、全身から力が抜けていった。

背負っていた何かが、オーガスタの芝に落ちていくようだった。

終わった――。
日本の男子ゴルファーが涙をのんできたメジャーの歴史が、今、変わった。

第12章

その先の景色を求めて

袖を通したグリーンジャケット

10年前の表彰式。隣でシャール・シュワルツェルが羽織っていたグリーンジャケットは手で触れられるほど近くにあったのに、袖を通す自分の姿などイメージできなかった。マスターズで優勝するときが、まさか訪れるなんて。

けれど、その瞬間はやってきた。

日没間際のセレモニー。前回大会を制したダスティン・ジョンソンが、優しく微笑んで僕の背中に手をかけた。

あの日、ローアマチュアの証であるシルバーカップを照らしたオーガスタの夕日は、僕の一部になったグリーンジャケットに溶けた。

緊張がずっと続いていた。ついさっきまでの試合中のものとは違うけれど、表彰式のあいだも、空気は引き締まっていた。

その中心にいる僕は、言葉にしがたい気持ちでいた。お酒を飲んで酔っているときのような、それでいてすごく冷静なような。でも、残っている記憶はあいまいな、不思議な感覚だった。

僕のグリーンジャケットは〝ジャストサイズ〟よりも少し大きい。

その大きさが心地よかった。

ビシッと着こなすスーツなんかとは違う。何かに包まれているような、誰かに守られているような、そんな感じがする。

このジャケットを着ることができたこと、それも日本人で、アジア人で最初に身に纏《まと》えたことが、心から嬉しい。夕空に何度も何度も両手を突き上げても、疲れた体の奥底から喜びが湧き上がってきた。

いつもよりも長いインタビューを終えた僕たちが、コースをあとにして宿舎に戻った頃には、時計の針は午後10時をまわっていた。

あらかじめ決めていたとおり、日本に一時帰国するため、4時間後にはオーガスタから車を走らせてアトランタに向かわなくてはならない。だから、そのまま祝勝会というわけにはいかず、レンタルハウスの片づけに追われることになった。

そんなあわただしいなかでも、グリーンジャケットだけはリビングでチームのみんなにも順番で羽織ってもらった。


機内でも、空港でも。僕は肌身離さずこのジャケットを持ち歩いた。

なぜ、スーツケースには入れなかったか？

空港で預けたバッグは紛失することもあるし、荷物は安全管理のために職員に鍵を開けられてしまう。考えたくはないが、万が一のことが起こったら。僕はどこまでもネガティブで、疑い深い。

シカゴで日本行きの帰国便に乗り継いだ。離陸してからWi-Fiをつなぎ、スマートフォンをオンラインにした。

飛び込んだインターネットの世界は、数日前から様変わりしていた。

あらゆるメディアやSNSで、自分の名前が称えられ、たくさんの人たちがマスターズの優勝を喜んでくれていた。

おそらく、それまではゴルフに馴染みがなかったであろう人々も、「感動した」「涙が出た」と、この至福の時間を一緒に噛みしめてくれていた。

「おめでとう」だけでなく、「ありがとう」というものもあった。

その言葉一つひとつを眺めて、僕は一人涙を流した。

消灯された機内の座席で、声が漏れないように嗚咽《おえつ》をこらえるのに必死だった。

僕はこれまでずっと、好きで始めたゴルフを自分のためにやってきた。

それで誰かを喜ばせることができるかどうかは、ずっと半信半疑だった。

10年前、背中を押してくれた東日本大震災の被災地の方々に勇気を届けられたかどうかもわからないままプロゴルファーになり、海を渡った。

クラブを真剣に握るようになって25年、オーガスタのティーイングエリアに立ってから10年、ＰＧＡツアーに本格参戦して7年、29歳でのマスターズ優勝、メジャー制覇。それが早かったのか、遅かったのかは僕にはわからない。ふさわしい時期だったかもわからない。

ずっと大きな目標に描いてはいたけれど、いつもゴルフがうまくなるためのきっかけを探して、毎日の練習に全力で取り組み、目の前にある試合を「勝ちたい」と思い続けてきただけだ。

努力の質

「才能は有限　努力は無限」

東北福祉大学に入学してから、萩野浩基学長（当時。２０１5年に逝去）にいただいた言葉だ。あの頃の僕には、特別に胸に響いた。自分よりも才能のある人間はごまんといる。

調子に乗って勘違いしてはいけない。いつも努力を重ねなくてはならない。

ただ、キャリアを重ねて思う。努力とは何だろうか。

周りから見た努力は、他人と比べたときのものにすぎない。求めた結果が出ないうちは、プロとしてそれは努力とは呼べないのかもしれない。僕は自分自身、結果につながる正しい努力をしてきたかもわからない。

ただ、なにより楽しくて、ゴルフを突きつめてきた。

年月を経て、あらゆる面で成長が右肩上がりかというとそうでもない。

2022年で30歳になる。学生時代や、勇んでアメリカに渡ったときとは体力も違う。当時こなせていたトレーニングメニューを消化できず、ガッカリするときもある。できていたことが、できなくなってしまった自分を受け入れるのは本当に難しい。そのたびに葛藤があり、過去の自分とぶつかり合う。

他人と競い合うよりも、自分の内面と闘うほうが何倍も労力がいる。正しい、絶対だと思ってやっていたことが、あるタイミングでそうでないことがわかる。僕の場合は、それが自分の生命線でありプライドでもあったスイングにあった。「これでいい」と思っていた動きがある日、コーチの分析で「それは間違っている」と打ち砕かれた。

新型コロナウイルス感染拡大の影響で、新しい生活様式という言葉が叫ばれるようになり、社会のさまざまな〝当たり前〟がひっくり返された。

たとえば、満員電車で通勤して、オフィスで朝から晩まで働いたり、取引先を営業でまわったりしていた日常が、自宅でのリモートワークという新しい〝当たり前〟にとって代わりつつあるという。

僕には一般的な社会人経験がないが、突然のあまりの変化に、

「今まで自分は何を頑張ってきたのか」

ととまどう方もいるかもしれない。時代によって何が正しいかは変化するし、そのたびに自分を変化させるにはエネルギーがいる。

それでも僕がプロゴルファーの、まだそう長くないキャリアを振り返っていえるのは、今の自分は、一つひとつの経験を通してでしかつくられないということだ。

試合に出るたびに良い経験、悪い経験、どちらも数えられないほどしてきた。

メジャータイトルを取り損ねた2017年の全米プロは、自分にはとてつもないダメージになったが、あの悔しさと、1打ごとに味わった緊張感を覚えていなければ、2021年のマスターズでの試練は乗り越えられなかった。

以前は目の前の試合で成績を残すために〝しかたなく打っていた〟理想とは程遠いドライバーでの「逃げる球」も、今では自分の一つの武器になった。

時間がどれだけ流れても、積み上げてきたものは決して無駄にはならないと思う。

自分の歩んできた道に胸を張り、それでいて意固地にならずに、新しいものを取り

入れる勇気をもてばまた前に進める。僕は3年8カ月の間、優勝から遠ざかったが、目標を変えずにいくつも別の方法にトライした。

胸を張れるのは、なによりあきらめなかったことだ。成果を呼び込んだのは、自分を、そしてチームを信じ抜いたがゆえに尽きる。

後進たちへの環境づくり

グリーンジャケットを持ち帰った飛行機の中で、涙を流しながらあらためて感じたことがある。日本にはゴルフが好きな人がたくさんいる。

近頃、男子ツアーには人気低迷の声もあるが、世間を驚かせる活躍をすれば、本当にたくさんの人が喜んで、ゴルフに目を向けてくれる。マスターズでの優勝は、僕のことが嫌いな人も振り向かせることができた。

プロゴルフの世界は、観る人なしでは成り立たない。世間の多くの反応を見て、ゴルフを観たい、ゴルフをやってみたいという人を増やしたいと思った。

だから、僕はもっと実績を重ねられるよう頑張りたい。そして、いずれは思いを同じくするプレーヤーを増やしたい。

いったいどうして、この僕が日本の男子ゴルファーで最初のメジャーチャンピオンになったのかがわからない。青木功さん、尾崎将司さん、中嶋常幸さんのAONをはじめ、丸山茂樹さんや伊澤利光さんといったレジェンドと呼ばれる選手たちが、もしも僕と同じ19歳のときに世界最高峰のマスターズを経験して、20代前半で渡米していたら、きっとメジャーでも優勝できたと思う。

それぞれに時代背景があり、目指すべきものや段階の踏み方が、時間の流れとともに変化して、今回のタイミングに至ったはずだ。

名前を挙げた先輩プロの時代には、アジアのアマチュアナンバーワンになった選手がオーガスタに行けるという、現行のアジアパシフィックアマチュア選手権の仕組み自体がなかったのだから。

そう考えると、ゴルファーも環境次第で意識が変わるはずだ。これからプロになる選手たちは、もっと早くから世界を経験できるようになるかもしれない。

そうしたとき、おそらく今の日本のゴルフ環境が、メジャータイトルを日常的に争うような場所とは異なることを実感するだろう。だから、僕は世界トップレベルで得られるものをもっと吸収して、それを日本に伝えていきたい。ツアープロのためのゴルフコースやトーナメントの仕組みを充実させて、メジャーを戦う環境に近いものにしたい。

女子では畑岡奈紗選手をはじめ、多くの日本人選手がアメリカツアーに挑戦したり、あるいは渋野日向子選手や笹生優花選手のように、スポット参戦したメジャーで優勝したりするケースも出てきた。そういった選手が5人、6人と増えていけば、彼女たちはもっと強くなる。いずれは男子でもそういう環境が整う手助けをしたいと思う。

あるいは、難しさを知り尽くしたPGAツアーの選手たちが日本に来て、「素晴らしいコースだ」と言ってくれるようなゴルフ場のデザインにも興味がある。

壮大な夢かもしれないが、そうなったら日本のゴルフ界はカッコいい。日本のゴルファーみんなが、もっと胸を張れる。

うまくいかない、だから楽しい

ゴルフというスポーツは、小さい子どもから高齢者まで、性別を問わずあらゆる人が参加できる。それゆえ、ゴルファーはプロであっても、体力面でほかのアスリートに引け目を感じるところがあったりする。足の速さやパワーの限界がスコアに直結するわけではないからだ。

しかし、天気によってゲームの状況が大きく左右され、毎回打つ場所が違い、足元にもターゲットのエリアにも傾斜があって、これほど広いフィールドを使う球技はほかになかなかない。まったく同じシチュエーションが訪れることがないのだ。

競技となれば、プレーする時間帯も選手によってまるで違う。

早朝6時に1番ホールのティーイングエリアに立つ日もあれば、昼間が長い全英オープンともなると、ホールアウトが夜10時前なんていうことも珍しくない。プロであれば、それが4日間続き、毎日の食事やトレーニング、マッサージの時間もラウンドに合わせて柔軟に対応しなくてはいけない。

たくさんの国を渡り歩けば、それぞれのゴルフ場の芝にも慣れる必要がある。

あらゆる角度から〝言い訳〟をすればきりがないが、そういった自然や時間とのつきあいが上手でないと、より上のレベルに行くのは難しい。

ただ、子どもたちにはゴルフをプレーするうえで、楽しむ気持ちだけは絶対に忘れないでほしい。好きでないと、楽しいと思えないと、ゴルフはなかなか続けられないからだ。

たしかに、ゴルフボールはなかなかまっすぐ飛ばないし、思いどおりにカップに近づかないし、入らない。

完璧だと思ったショットが、芝が削られたディボット跡に入ったり、泥まみれになったりすることもあるし、突風に吹かれて池に入ってしまうこともある。はっきり言って、思いどおりにならないことのほうが多い。

それは、今の僕だってそうなんだ。優勝したマスターズを振り返ってみた。

4日間72ホールで記録したストローク数は「278」だ。そのすべてを思い返したとき、「自分の狙い」「実際に放ったボール」「結果」、そのすべてがマッチした、最高にうまくいったと思えるショット、パットを数えたら、たった20打しかなかった。最終日でいえば、17番と18番のドライバーショットだけだ。

もちろん、「ミスショットだけど結果的にはうまくいった」「この状況であれば今のショットはしかたがない」という及第点をつけられるものも含めれば、その何倍かにはなる。

しかし、「すべてが完璧だ」と思えるショット、パットはすべてのストロークのうちで10分の1に満たない。つまり、ゴルフはたくさんの「うまくいかない」をつなぎ合わせてスコアをつくるゲームだ。

でも、うまくいかないから、うまくいったときが楽しい。

うまくいかないから、うまくいったときを想像する。

なぜ、うまくいかないかを考え、それを突きつめるのが楽しい。

「人生と同じ」などと偉そうなことは言えないけれど、ゴルフは「うまくいかないを楽しむ」スポーツだ。少なくとも僕は、その楽しさと等身大で向き合っている。

新たな景色を求めて

グリーンジャケットに袖を通して、生まれて初めての感覚に陥った。

小学2年生のとき、愛媛の北条カントリー倶楽部で初めて競技に出てから毎回、その日のラウンドで反省点を見つけるのが日課だった。

スコアではなく、その数字をつくった「内容」を見つめて、次のラウンドに活かせるよう課題を見つけてきた。

PGAツアーで2017年までに挙げた5回の優勝のあとも同じだった。夕食の最中も、頭は次に取り組むべき材料のことでいっぱいだった。

ところが、マスターズで優勝したあとは、反省点が頭に浮かんでこなかった。

「278」ストロークのすべてに納得いったはずもないが、日本で1カ月近いオフを取っていた間も、課題を掘り下げる気力が湧かなかった。

アメリカに帰ってから5月にツアーに復帰し、テキサス州ダラス近郊での試合を復帰戦に選んだが、正直言って錆《さび》を落としている最中で、予選ラウンドは通過できないと思っていた。

しかし、ツアーの会場で練習し、実際の試合でスタートすると、以前と同じ「どうにかしたい」という感情でいっぱいになった。

安心した。笑ってやり過ごし、

「やっぱり悪いスコアだったか」

と自分を慰めているようならば、これからどうすればいいかと悩んでいただろう。

その大会は、アマチュア時代に対戦したこともある同世代の韓国の選手が、長年の苦労を経て初優勝した。祝福したい気持ちの反面、やっぱり悔しかった。自分も上位でプレーしたい、勝ちたいと思った。

翌週の全米プロは上位で決勝ラウンドに進めたが、3日目の後半に自滅して優勝争いが遠のいた。

「これじゃ少し前までと同じじゃないか」と怒りも覚えた。あらゆる場所で「マスターズチャンピオン」と紹介されるようになり、サインを求められるようになったが、そこで満足できない自分がいる。

大会を制したのは50歳のフィル・ミケルソンだった。言わずと知れたスーパースターはシニアになっても、ゴルフへの情熱が衰えない。

2017年に全米プロで敗れたとき、僕は、

「メジャーで勝てる選手になりたい」

そう言って、その最後のピースを探しに長い旅に出た。

けれど、グリーンジャケットに袖を通した今も、勝てる選手と勝てない選手を隔てるものが何なのかが、自分ではわからないでいる。

だからまた、メジャーで優勝を争いたい。周りの人も時間がたてばすぐに、世界中の人が祝福してくれた4月のあの日のことを忘れてしまうだろう。

新たに別の目標も見つけたい。４年前に世界ランキングで一時は2位まで上りつめたが、その一番上の景色も見てみたいと思う。

そのためには、ここでゴルフのキャリアを終わらせるわけにはいかない。

マスターズで勝つには勝ったが、スイングへの新しい取り組みもまだ道半ばだ。

見たくないことから目を逸らせば、再び苦境に迷い込み、痛い目を見るだろう。


挑戦は彼方へと続く。

僕のゴルフは、これからもきっとうまくいかないから。

おわりに

マスターズを終えて日本に一時帰国したあいだ、家族と触れ合う時間があった。この夏に4歳になった娘は、グリーンジャケットを着せようとすると、最初のうち、「こんなに大きいのはイヤ」と逃げまわったけれど、姪《めい》と甥《おい》が羽織るのを見たら、すんなり自分も袖を通して裾を引きずって歩いていた。

僕の職業は、きっとまだはっきりとはわかっていないはず。「パパはゴルフばかりしている人」というくらいのものだろう。

彼女が生まれた2017年の夏に優勝してから次の勝利まで4年近くかかったけれど、タイトルで多くの人の夢を叶えられたことが嬉しい。

アメリカではゴルフに集中したいという僕の思いを理解して、遠く離れた日本から僕を支え、娘を大切に育ててくれている妻に感謝したい。

父も母もグリーンジャケットを着てくれた。感動の涙なんかはなくて、ただ笑っていた。でも、二人ともよく似合っていた。

中学生のとき、親元を離れた僕を、両親はどう思っていたのだろう。

当時は反抗期も重なって、実家に帰っても父とぶつかり、父を無視するようなこともたびたびあった。

でも、あのとき、それまでと違う環境に置いてもらえたことで、僕は自分を見つめ直すことができた。

高校卒業まで愛媛にいたら家族に甘えたままで、プロゴルファーにはなっていなかったかもしれない。

生活もきっと楽ではなかったはずだ。

姉も、妹も、みんなが苦労してくれたおかげで、僕はゴルフと向き合って、目標を追うことができた。


僕はそれぞれのタイミングで、人との出会いに恵まれた。近い親族だけではない。愛媛のゴルフ場で、幼い僕をかまってくれた方もたくさんいた。お世話になった方のなかには、連絡が取れない人、亡くなった人もいる。学校の先生やゴルフ部の恩師、その人たちが一人でも欠けていれば、今の自分という人間はいなかった。

小学生で初めて見たタイガー・ウッズがプレーするアメリカに渡り、中学生のときに出会った石川遼とも後に、夢を同じくして一緒に戦った。

高校、大学時代の先輩たちも戦友になった。

はるか彼方の存在だったレジェンドたちが超えるべき目標になり、世界トップレベルの選手たちが、いつしかライバルになった。

そして、孤独な日々の生活をともにして一緒にタイトルをつかんだチームの仲間もいる。スポンサー企業のみなさんに強力なバックアップもしていただいている。

縁あって出会った方や、ときには夜の街でからまれた酔っ払いに吐かれた言葉にだって刺激を受けた。

それぞれが、それぞれのタイミングで、心に残る言葉や教えを授けてくれた。


僕は決して優れた人間ではないけれどメジャーに勝てた。


過ごしてきた時間、これからの歩み。

関わっていただいたすべての人のおかげです。

心から感謝します。

松山英樹

松山英樹（まつやま・ひでき）

1992年2月25日、愛媛県生まれ。プロゴルファー。血液型はB型。4歳でゴルフを始め、明徳義塾高等学校から東北福祉大学へ進む。2010年「アジアアマチュア選手権」で優勝。2011年、4大メジャー「マスターズ」で、アジア勢初のローアマチュアに輝いた。同年、日本ツアー「三井住友VISA太平洋マスターズ」を制し、倉本昌弘、石川遼に続く3人目のアマチュア優勝を達成。プロ転向した2013年に、シーズン4勝を挙げ、ツアーで初めてルーキーイヤーに賞金王のタイトルを獲得した。2014年から主戦場をPGAツアーに移し、「ザ・メモリアルトーナメント」で初優勝。2016年「ウェイストマネジメントフェニックスオープン」で2勝目。「日本オープン」で国内メジャー初制覇。「WGC HSBCチャンピオンズ」でアジア勢として初めて世界選手権シリーズ優勝。2017年「ウェイストマネジメントフェニックスオープン」を連覇。「WGCブリヂストンインビテーショナル」で世界選手権シリーズ2勝目を挙げた。2021年「マスターズ」で日本人男子として4大メジャー大会の初制覇を達成した。

構成　桂川洋一（ゴルフダイジェスト・オンライン）
編集協力　櫃間 訓（ゴルフダイジェスト・オンライン）
KA企画
装丁　須永英司（grass road）
写真　髙須 力（カバー、グリーンジャケット着用写真）
アフロ、Getty Images（口絵写真）
校正　月岡廣吉郎、村松 進、安部千鶴子（美笑企画）
組版　キャップス
編集　苅部達矢（徳間書店）

彼方への挑戦

第1刷　2021年8月31日
第5刷　2022年1月10日

著者　松山英樹

発行者　小宮英行
発行所　株式会社徳間書店
〒141-8202 東京都品川区上大崎3-1-1 目黒セントラルスクエア
電話／編集 03-5403-4344　販売 049-293-5521
振替／00140-0-44392
印刷・製本　大日本印刷株式会社

ISBN978-4-19-865339-2